ŒUVRES

DE MONSIEUR

DE LA CHAUSSÉE,

De l'Académie Françoise.

TOME SECOND.

A AMSTERDAM,

Aux dépens de la Compagnie.

M. DCC. LIV.

TABLE

Des Piéces contenuës dans ce second Tome.

MÉLANIDE,

COMEDIE

EN CINQ ACTES, EN VERS.

A 3

ACTEURS.

DORISE'E, veuve.

ROSALIE, fille de Dorisée.

THE'ODON, beau-frere de Dorisée.

LE MARQUIS D'ORVIGNY,
Amant de Rosalie.

MELANIDE, Amie de Dorisée.

D'ARVIANE, Amant de Rosalie.

UN LAQUAIS.

La Scène est à Paris, dans un Hôtel.

MÉLANIDE,
COMEDIE.

ACTE PREMIER.

SCÉNE PREMIERE.

DORISE'E, MELANIDE.

MELANIDE.

'AURAI fait à Paris un voyage inutile.
DORISE'E.
Mais auriez-vous mieux fait de demeurer
tranquile
Au fond de la Bretagne, où, depuis si long-tems,
Vous avez essuyé des chagrins si constans ?
MELANIDE.
Ils étoient ignorés ; & le secret console.
Je ne crains que l'éclat.

A 4

 MELANIDE,

DORISE'E.

Quelle crinte frivole!
N'êtes-vous pas ici comme au fond d'un defert?
Aucun de vos fecrets n'y fera découvert.

MELANIDE.

S'ils étoient divulgués, j'en ferois défolée.

DORISE'E.

Sçachez qu'à Paris même on peut vivre ifolée.
Dès que l'on fuit le monde, il nous fuit à fon tour;
Ainfi, ne craignez point l'éclat d'un trop grand jour.
Dans votre apartement reculé, folitaire,
A tous les importuns vous pourrez vous fouftraire.
Il vous eft fort aifé, fi vous le trouvez bon,
De n'admettre que moi, ma fille, & Théodon.
Je vous l'ai toujours dit, ma chére Mélanide,
Comptez que mon beau frere eft un ami folide,
Un homme effentiel. Je l'éprouve aujourd'hui.
Hélas! Je deviendrois bien à plaindre fans lui.
Daignez donc l'honorer de votre confiance,
Et vous en raporter à fon expérience.

MELANIDE.

J'ai fuivi fes confeils, mais fans trop efpérer
Que fes foins généreux puiffent rien opérer.
Je crois même entrevoir qu'il n'oferoit m'inftruire.

DORISE'E.

Par de fauffes terreurs vous vous laiffez féduire.
Ah! vous méritez trop pour efpérer fi peu.
Mais permettez qu'enfin je vous faffe un aveu,
Qui, depuis quelque tems, m'embarraffe & me pefe.

MELANIDE.

D'où vient?

DORISE'E.

C'eft que je crains....

MELANIDE.

Quoi?

DORISE'E.

Qu'il ne vous déplaife,

MELANIDE.
Vous me connoiſſez mal. Eh, de grace ordonnez.
Puis-je vous étre utile ?
                    DORISE'E.
                              Oui, ſans doute. Aprenez
Celui de mes chagrins qui m'eſt le plus ſenſible.
Ma fille en eſt la cauſe.
                    MELANIDE.
                              Ah ! Seroit-il poſſible ?
                    DORISE'E.
Je l'aime, elle en eſt digne. A ſon goût, comme au
          mien,
Je voudrois la pourvoir ; & vous concevez bien
Le ſujet douloureux de mes peines ſecrettes.
Eſt-ce avec peu de bien, des procès & des dettes,
Que je puis, à mon gré, lui choiſir un époux ?
Je crois que le plus ſûr, s'il n'eſt pas des plus doux,
Seroit de penſer qu'à des gens d'un certain âge.
Parmi ceux que m'attire ici le voiſinage,
Il ſeroit un parti qui raſſemble à la fois
Tout ce qui peut d'ailleurs déterminer mon choix,
Gloire, faveur, emplois, opulence, nobleſſe,
Tout s'y trouve, excepté la premiére jeuneſſe.
                    MELANIDE.
Eſt-ce un homme de guerre ?
                    DORISE'E.
                              Oui ; mais très-eſtimé.
                    MELANIDE.
Aime-t-il Roſalie ?
                    DORISE'E.
                              Il m'en paroit charmé.
Ce n'eſt pas d'aujourd'hui qu'il en eſt la conquête :
Mais je crois entrevoir l'obſtacle qui l'arrête ;
Et s'il n'a pas encore oſé ſe propoſer,
J'ai lieu de ſoupçonner qu'il craint de s'expoſer....
                    MELANIDE.
Madame, il faut l'aider ; vous ne pouvez mieux faire.
                              A 5,

DORISE'E.

Vous me conseillez donc de suivre cette affaire ;

MELANIDE.

Quoi ! C'est un avantage , & vous vous consultez ?

DORISE'E.

Il est vrai que j'y vois quelques difficultez ?

MELANIDE.

Quelles difficultez ?

DORISE'E.

Sur-tout il en est une.
Si je poursuis le bien que m'offre la fortune ,
Monsieur votre neveu sera désesperé ;
A tout autre parti je l'aurois préféré.
Car enfin , son amour , dont il n'est pas le maître ,
Depuis plus de deux ans s'est fait assez connoître.
Cet heureux mariage eût resserré les nœuds
De la tendre amitié qui nous joint toutes deux.
D'Arviane & ma fille étoient nés l'un pour l'autre :
Mais vous connoissez trop mon état & le vôtre.
Tant de félicité n'est pas faite pour nous :
Madame , cependant , parlez , qu'ordonnez-vous ?

MELANIDE.

D'Arviane , sans doute , a grand tort de prétendre
Au bonheur de pouvoir être un jour votre gendre.
S'il ose s'en flatter , je sçais pas pourquoi.
Il manque de fortune ; & , comme il n'a que moi
Sur qui puisse rouler toute son espérance ,
Il poursuit un bonheur hors de toute aparence.
Mais d'un enchantement , plus fort que mes discours ,
Je vois bien qu'il est tems d'interrompre le cours.
N'ayez pour d'Arviane aucune complaisance.
Et , comme son amour , & sur-tout sa presence ,
Pourroient nuire aux projets dont vous m'entretenez ,
Mes ordres absolus lui vont être donnés.

DORISE'E.

Comment ?

MELANIDE.

L'occasion en est fort naturelle.
N'est-il pas tems qu'il aille où son devoir l'apelle ?
Quoiqu'il prétende encor éloigner son départ,
Pour mes avis, je crois qu'il aura quelque égard.

DORISE'E.

Madame, ce départ est un grand sacrifice ;
Pourra-t-il s'y résoudre ?

MELANIDE.

Il faut qu'il obéïsse.

DORISE'E.

Je le plains.

MELANIDE.

Il m'est cher.

DORISE'E.

Ah ! Vous pouvez l'aimer,
Sans craindre que personne ose vous en blâmer ;
Il a tout ce qui rend la jeunesse charmante.

MELANIDE.

Je lui vois tous les jours un défaut qui s'augmente.

DORISE'E.

Quel est-il ?

MELANIDE.

Un peu peu trop d'impétuosité.

DORISE'E.

Non, qu'il n'en perde rien. Tant de vivacité
Désigne un grand courage, & beaucoup de droiture :
Ces cœurs-là font toujours honneur à la nature.
D'ailleurs, je ne crois pas qu'on puisse, à dix-huit ans,
Avoir moins de défauts avec plus d'agrémens.

MELANIDE.

Je vous suis obligée. Il aura beau se plaindre,
A partir dès demain je sçaurai le contraindre ;
Et je vais de ce pas...

DORISE'E.

Je crois le voir encore.
Adieu. Je voudrois bien ne le pas rencontrer.

SCENE II.

D'ARVIANE, MELANIDE.

MELANIDE.

J'Avois à vous parler.

D'ARVIANE.

       Ma joïe en est extrême.
Le sujet qui m'amène est sans doute le même ;
Et je venois exprès vous chercher en ces lieux.

MELANIDE.

Vous avez dû songer à faire vos adieux.

D'ARVIANE.

Non, Madame.

MELANIDE.

      Tant pis. Vous auriez dû les faire.

D'ARVIANE.

Rien ne me presse encor ; & je compte...

MELANIDE.

       Au contraire.
Vous partez dès demain.

D'ARVIANE.

      Sur un nouveau congé,
Qu'on m'a fait espérer, je m'étois arrangé.

MELANIDE.

Vous n'en obtiendrez point, si vous voulez me plaire.
Faut-il, sur vos devoirs, qu'un autre vous éclaire ?
Et voulez-vous tomber dans le relâchement ?
Puisqu'on pense de vous avantageusement,
Conservez ce bonheur sans y porter atteinte.

D'ARVIANE.

Ne puis-je demander sans scrupule & sans crainte,

Que l'on me renouvelle un malheureux congé ?
Eſt-ce donc le premier que l'on ait prolongé ?

M E L A N I D E.

D'accord : mais le plus ſage eſt celui qui s'en paſſe.
Hé ! peut-on, ſans rougir, aller demander grace,
Quand il eſt queſtion de remplir ſon devoir ?
Quel prétexte avez-vous à faire recevoir ?
Vous n'oſez me le dire ; & j'entens ce langage.

D'A R V I A N E.

Je n'imaginois pas être dans l'eſclavage.
Dans ma profeſſion, il eſt quelques loiſirs
Que la gloire permet de prêter aux plaiſirs ;
Quand il en ſera tems, je pourrai m'y ſouſtraire.
Je ne ſçais point manquer où je ſuis néceſſaire.

M E L A N I D E.

J'ai vû que votre ardeur & votre activité
Ne ſe meſuroient pas ſur la néceſſité.
Un cercle moins étroit renfermoit votre zèle.
Déja l'on vous citoit par-tout comme un modèle.
Ah ! Vos devoirs, pour vous, auroient le même
          apas :
Mais un charme funeſte enchaîne ici vos pas.
Vous vous diſſimulez le tort que vous vous faites.
Vous convient il d'aimer, dans l'état où vous êtes ?
Laiſſez, Monſieur, laiſſez l'amour aux gens heureux.
Hélas ! C'eſt un plaiſir qui n'eſt fait que pour eux.
Accablé ſous le poids d'une chaîne importune,
Eh, comment voulez-vous aller à la fortune !
Il ſera tems d'aimer quand vous ſerez au port.

D'A R V I A N E.

Vous verrai-je toujours ſoupirer ſur mon ſort ?
Eſt-il ſi différent de celui de tant d'autres ?

M E L A N I D E.

Ne vous comparez point.

D'A R V I A N E.

                    Quels diſcours ſont les vôtres ?
Mon ſort n'eſt pas des plus heureux, ſans contredit.

14   MELANIDE,

Je n'ai rien oublié. Vous m'avez affez dit
Que les infortunés à qui je dois la vie,
Contraints, par des malheurs, à quitter leur partie,
Ayant bien-tôt fini leurs triftes jours,
Ne m'avoient, en mourant, laiffé d'autres fecours,
Que vos feules bontés, avec quelque naiffance:
Et vous avez pour moi, dès ma plus tendre enfance,
Pris des foins, que le tems n'a pu diminuer;
Tant que vous daignerez me les continuer,
Ma fituation ne fera point affreufe.

                    MELANIDE.

Il ne tiendroit qu'à vous qu'elle fut plus heureufe:
Mais, par un contre-tems qu'on éprouve toujours;
La prudence ne vient qu'à la fin des beaux jours.
L'amour, qui peut vous faire un tort fi manifefte,
N'eft pas le feul écueil qui vous fera funefte:
Vous en rencontrerez bien d'autres en tous lieux.
Vous avez dans l'efprit un feu féditieux,
Qui prend de plus en plus fur votre caractére.
Le plus léger obftacle auffi-tôt vous altére;
Vous ne fuportez rien. N'aprendrez-vous jamais
L'art de diffimuler, ou de fouffrir en paix
Les contrariétez dont la vie eft femée?
La moindre, dans votre ame aifément enflammée,
Vous donne du dépit, du dégout, de l'humeur.
Quand on veut, dans le monde, avoir quelque
          bonheur,
Il faut légerement gliffer fur bien des chofes:
On y trouve bien plus d'épines que de rofes.
Aux contradictions il faut s'accoutumer,
Ou, loin de tout commerce, aller fe renfermer.
Ce difcours vous ennuie?

                    D'ARVIANE.
               En quoi donc?
                    MELANIDE.
                         J'en foupire.
Mais tels font les avis que l'amitié m'infpire,

A la veille du jour où vous m'allez quitter ;
Par-tout, où vous ferez, tâchez d'en profiter.
D'ARVIANE.
Pourquoi ce prompt départ ?
MELANIDE.
N'y formez point d'obstacle.
Le cœur d'un galant homme eſt ſon plus ſûr oracle.
Interrogez le vôtre, & ſuivez ſon conſeil.

SCENE III.

D'ARVIANE ſeul.

OH, parbleu, je ne vis jamais rien de pareil ;
C'eſt me tyrannifer d'une façon cruelle.
Je veux bien lui paſſer ſes leçons & ſon zèle.
Mais, qu'à propos de rien, elle fixe à demain
Mon malheureux départ ! L'ordre eſt trop inhumain.
C'eſt une cruauté qui n'eût jamais d'égale ;
Et l'on ne permet pas que mon dépit s'exhale ?
Il faut paiſiblement digérer ce poiſon ?
Non, malgré ma douceur, j'enrage ; & j'ai raiſon.

SCENE IV.

ROSALIE, D'ARVIANE.

D'ARVIANE allant au-devant de Rosalie.

AH, Rosalie !

ROSALIE.

Eh bien ? Quel sujet vous agite ?

D'ARVIANE.

On prétend que je parte ; on veut que je vous quitte.

ROSALIE.

Est-ce un mal aussi grand que vous l'imaginez ?

D'ARVIANE.

Et vous aussi, cruelle, & vous m'y condamnez !
Quoi, vous me prescrivez ce départ inutile ;
Mais pour quelles raisons faut-il que je m'exile,
Que j'aille sans besoin prévenir mon devoir,
Et perdre des momens consacrés à vous voir ?
Vous le sçavez ; pour peu que la gloire m'apelle,
Je ne balance pas à vous quitter pour elle.
Que dis-je ? Pardonnez ; ce n'est pas vous quitter
Que d'aller acquérir de quoi vous mériter.
Mais quand rien ne m'oblige...

ROSALIE.

Ecoutez. On m'ordonne
D'user de tous les droits que votre amour me donne.
On s'en prendroit à moi si vous ne partiez pas,
Comme si je pouvois disposer de vos pas,
Et vous faire obéir au gré de mon envie.

D'ARVIANE.

Eh ! Qui peut mieux que vous décider de ma vie ?
Ah ! Du moins, convenez, enfin de bonne-foi,

De l'empire abſolu que vous avez ſur moi.

ROSALIE.

Il faut donc m'en donner la preuve la plus claire.

D'ARVIANE.

Je ſuis bien malheureux, dès qu'elle eſt néceſſaire.
Hélas ! Je dois m'attendre à tout de votre part.

ROSALIE.

On veut que vous partiez.

D'ARVIANE.

Quoi, toujours ce départ ?
Vous l'avez réſolu ?

ROSALIE.

Si l'amour vous arrête,
Vous y gagnerez peu. Sçachez ce qui s'aprête.

D'ARVIANE.

Voyons.

ROSALIE.

Ma mere....

D'ARVIANE.

Eh bien ?

ROSALIE.

M'ordonne de vous fuir.

D'ARVIANE.

On n'aura point de peine à vous faire obéir.

ROSALIE.

J'obéirai, ſans doute.

D'ARVIANE.

On vous l'a fait promettre ?

ROSALIE.

Et j'exécuterai ma parole à la lettre.

D'ARVIANE.

Je le crois.

ROSALIE.

Cependant, vous ferez ſagement
De vous prêter de même à cet arrangement ;
D'avoir l'attention d'éviter ma preſence.

D' A R V I A N E.
Ne faut-il pas plus loin pouffer la complaifance,
Et, pour l'amour de vous, ceffer de vous aimer ?
                R O S A L I E.
Vous feriez bien.
                D' A R V I A N E *animé.*
                L'avis a de quoi me charmer !
                R O S A L I E.
Vous vous fâchez, je crois ?
                D' A R V I A N E:
                        J'ai tort d'être fenfible,
Et de ne pas avoir cet air toujours paifible,
Qui montre que, pour vous, tout eft indifférent !
Ah ! Je n'en connois pas de plus défefpérant.
                R O S A L I E.
L'égalité d'humeur fut toujours mon partage.
                D' A R V I A N E.
Je ne fuis pas jaloux d'un fi trifte avantage :
Si pour vous c'en eft un ; quant à moi je le fuis.
Plus je fens vivement, plus je fers que je fuis.
L'égalité d'humeur vient de l'indifférence.
Et quoique vous puiffiez dire pour fa défenfe,
L'infenfibilité ne fçauroit être un bien.
Quoi ! Jamais n'être ému, n'être affecté de rien ;
Refter au même point tout le tems de fa vie.
Tandis qu'autour de nous, tout change tout varie ;
Borner, ou pour mieux dire, anéantir fon goût ?
Ne voir, ne regarder, & n'envifager tout
Qu'avec les mêmes yeux, que fous la même forme ;
N'avoir qu'un fentiment, qu'un plaifir uniforme ;
Etre toujours foi même : y peut-on réfifter ?
Eft-ce là vivre ? Non. C'eft à peine exifter.
                R O S A L I E.
Ainfi votre bonheur eft grand ?
                D' A R V I A N E.
                        Il devroit l'être.
Enfin je vais partir.

ROSALIE.

                    Je vous ai fait connoitre
Qu'il le faut.... Mais quel eſt l'état où je vous vois ?
Vous ne me quittez pas pour la premiére fois,
Et vous n'avez jamais eu tant d'inquiétude !

D'ARVIANE.

Hélas ! Je vous laiſſois dans une ſolitude,
Où vos charmes naiſſans, par moi ſeul adorez,
De tout ce qui reſpire étoient preſque ignorez.
A ma conquête alors l'amour bornoit les vôtres.
Grands dieux ! Que ce départ eſt différent des autres !
Vous reſtez à Paris. Déja de tous côtez
On ſe plaît à ſemer le bruit de vos beautez.
Et ſur quoi voulez-vous que mon repos ſe fonde
Je vous vois mille amans.

ROSALIE.

                    Qui ſont-ils ?

D'ARVIANE.

                              Tout le monde.

ROSALIE.

Mais encore, il faudroit me nommer ...

D'ARVIANE.

                                   Eh ! Ce ſont
Tous ceux qui vous ont vûe, & ceux qui vous verront.
Paroîtrez vous toujours ſurpriſe d'être aimée ?
Ou n'y ſeriez-vous pas encore accoutumée ?
Vous feignez d'ignorer quel eſt votre pouvoir.
On ne fait point d'amant ſans s'en apercevoir.
Le Marquis d'Orvigny n'eſt pas ſous votre empire ?

ROSALIE.

Et quand cela ſeroit, qu'auriez-vous à me dire !

D'ARVIANE.

Qu'il vous plaît de le voir épris de vos apas,
Et qu'ici tous les jours il ne reviendroit pas,
Si vous ne l'attiriez.

ROSALIE.

                    Je dépens d'une mere,

Et d'un oncle, qui m'a toujours servi de pere.
Il m'aime ; & vous sçavez que je puis espérer
D'en hériter un jour, s'il veut me préférer.
Puis-je avoir trop d'égards pour tous ceux qu'il
  honore ?
A l'égard du Marquis, s'il m'aime, je l'ignore :
Tout ce que j'en puis dire, est qu'il est fort discret.

D'ARVIANE.

Vous lui ferez bien-tôt avouer son secret ?

ROSALIE.

Je ne prétens lui faire aucune violence.

D'ARVIANE.

Il ne tardera pas à rompre le silence.
Aprenez que vos yeux en sçavent plus que vous.
Vous leur laissez parler un langage si doux ;
Ils sçavent regarder d'une façon si tendre,
Qu'on croit être bien-tôt en droit de les entendre.
Chacun de vos regards paroît un sentiment,
Qui semble autoriser les desirs d'un amant ;
Et dès qu'ils sont formez, l'espoir les fait éclore.

ROSALIE.

L'avez-vous, cet espoir, qui fait que l'on m'adore ?

D'ARVIANE.

De tous ceux que l'amour a mis sous votre loi,
Vous n'avez jamais sçu desespérer que moi.

ROSALIE.

Qui vous force à souffrir un si dur esclavage ?

D'ARVIANE.

Vous, à qui l'on ne peut cesser de rendre hommage.

ROSALIE.

Que vous ai-je promis ? Osez le reclamer.

D'ARVIANE.

Ne s'engage t'on pas, quand on se laisse aimer ?

ROSALIE.

Ainsi vous m'aprenez, d'une façon discrette,
Que naturellement je suis un peu coquette.

D' A R V I A N E.

Ah ! Si vous vouliez l'être, il ne tiendroit qu'à vous.

R O S A L I E.

Eh ! N'est-ce point aussi que vous seriez jaloux ?

D' A R V I A N E.

Qui suis-je donc pour être exempt de jalousie ?
Mais la mienne, bien loin d'être une frenésie,
N'est qu'un sentiment vif, & toujours animé
Par la crainte de perdre un objet trop aimé.

R O S A L I E.

Non, je vous ai connu dès l'âge le plus tendre.
Quand je pouvois encore à peine vous entendre,
Il sembloit que, pour vous, l'amour & la raison
Auroient dû, dans mon cœur, prévenir leur saison ;
A vos fausses terreurs, tout servoit de matiére ;
Vous vouliez occuper mon ame toute entiére.
Chez vous, l'inquiétude est dans son élément :
On n'a jamais été plus injuste en aimant.
En croyant pénétrer au fond de ma pensée,
Hélas ! combien de fois m'avez-vous offensée ?
L'amour dans votre cœur est toujours en courroux.

D' A R V I A N E.

Ah ! Vous me trahirez, je le sçais mieux que vous.

R O S A L I E.

De part & d'autre enfin laissons-là le reproche.
Monsieur, en attendant que le tems nous raproche,
Il faut vous éloigner ; il faut nous séparer.
Votre départ m'importe ; allez le préparer.
Imaginez pourtant que j'y serai sensible
Autant que je dois l'être.

D' A R V I A N E.

Ah ! Seroit-il possible ?
Oserois-je expliquer ?...

R O S A L I E.

Finissons l'entretien,
Il n'a que trop duré ; je n'écoute plus rien.

SCENE V.

D'ARVIANE *seul.*

C'En est fait ; aux chagrins je ne suis plus en proïe.
Non, jamais je ne fus si transporté de joïe.
L'absence est donc un bien ?... Sans elle, aurois-je
    appris
Que j'ai touché l'objet dont mon cœur est épris ?
Il falloit me bannir pour sçavoir qu'elle m'aime.
Mais puis-je me flâter de ce bonheur suprême ?
Que dis-je ? S'il est vrai, je l'aprens un peu tard.
Pour la premiére fois, au moment d'un départ,
Ce cœur, où je n'ai vû que de l'indifférence,
Me donne tout-à-coup une douce espérance !
Pourquoi m'aimeroit-elle ? Est-ce une trahison ?
Auroit-elle employé cette aimable poison
Pour me perdre ?... Il faut voir. Ma présence fatigue.
Contre mes intérêts on trame quelque intrigue :
Rosalie elle-même y pourroit avoir part.
Pour nous en éclaircir, retardons mon départ.

Fin du premier Acte.

ACTE II.

SCENE PREMIERE.

LE MARQUIS D'ORVIGNY,
THE'ODON.

LE MARQUIS.

J'ALLOIS me plaindre à vous.
THE'ODON.
Eh, de quoi, je vous prie?
LE MARQUIS.
D'avoir empoifonné tout le cours de ma vie.
THE'ODON.
C'eft me faire un reproche affez mortifiant.
LE MARQUIS.
En flâtant mon amour, en le fortifiant
Dans mon ame incertaine, & toujours combatue,
Vous avez irrité le poifon qui me tue.
Sans vous, le fol efpoir ne m'eût pas enyvré;
Et peut-être déja ferois-je délivré
D'un mal, qui, dans le tems, n'étoit pas incurable.
THE'ODON.
Mon tort eft donc bien grand?
LE MARQUIS.
Il eft irréparable.
THE'ODON.
Pourquoi?
LE MARQUIS
Sur votre apui je n'ai que trop compté.

Devois-je encore aimer ? Je vous ai raconté
L'histoire de ce triste & secret hymenée,
Dont on me fit briser la chaîne fortunée.
Vous sçavez quelle fut la douleur que j'en eus ;
Et , qu'ayant employé bien des soins superflus
A chercher en tous lieux une épouse si chére,
Alors pour me venger des rigueurs de mon pere,
Je me promis du moins , le reste de mes jours,
De fuir également l'hymen & les amours.
Vaine promesse ! Hélas ! Qu'est-elle devenue !
Sans vous , cruel ami, je l'aurois mieux tenue.

THE'ODON.

J'aurois quelque reproche à vous faire à mon tour.
Avois-je mandié l'aveu de votre amour ?
Votre cœur s'est ouvert sans nulle violence :
Quand vous avez rompu ce pénible silence,
Vous cherchiez de l'espoir, je vous en ai donné.

LE MARQUIS.

C'est de quoi je me plains.

THE'ODON.

J'en dois être étonné.
Car enfin je n'ai pû , ni dû vous faire un crime
D'une ardeur, qui n'a rien que de très-légitime.
D'où viennent ces remords ? Votre épouse n'est plus,
Depuis assez long-tems ; & croyez au surplus,
Que , pour peu que sa mort eût été moins certaine,
Malgré l'arrêt cruel qui brisa votre chaîne ,
Je n'aurois pas laissé mourir un feu si beau ;
Mais cette infortunée est au fond du tombeau.

LE MARQUIS.

J'ai trahi mes sermens ; j'ai vaincu mes scrupules ;
Et c'est pour me couvrir des plus grands ridicules.

THE'ODON.

Quels sont donc ces travers si grands & si fâcheux ?

LE MARQUIS.

C'est l'amour à mon âge , & l'amour malheureux.
Je vais servir à tous de fable & de risée.

THE'ODON.

THEODON.

Eh ! Par où cette crainte eſt-elle autoriſée ?

LE MARQUIS.

Puis-je plaire à l'objet qui m'a trop enflâmé ?
D'Arviane l'adore ; il doit en être aimé.
Et n'eſt-ce pas à moi la plus grande folie
D'oſer lui diſputer le cœur de Roſalie ?
Il l'aime ; il lui convient ; ils ſont dans leurs beaux
    jours ;
Il vient de me jurer qu'il l'aimera touiours.
J'en jure bien autant. Mais quelle différence !
Je ſens trop que l'amour lui doit la préférence.
Entre nous , en effet , le choix n'eſt pas égal.

THEODON.

Il eſt rare d'aimer ſans avoir de rival.

LE MARQUIS.

Je le crois. Mais , du moins , il eût fallu m'inſtruire.

THEODON.

D'Arviane , en tout cas , ne pourra pas vous nuire.

LE MARQUIS.

Il n'eſt point de rival qui ne ſoit dangereux.

THEODON.

Il vient de recevoir un ordre rigoureux ,
Qui va vous délivrer de cette concurrence.

LE MARQUIS.

Comment ?

THEODON.

Il part demain , & perd toute eſpérance.

LE MARQUIS.

Vous me débarraſſez d'un poids bien importun.
Il faut qu'à cet aveu j'en ajoute encore un.
Qui va me rabaiſſer à mes yeux comme aux vôtres.
Mes ardeurs ne ſçauroient ſe comparer à d'autres.
Je ſens de plus en plus que j'ai bien moins aimé
La première beauté dont je fus ſi charmé.
Ce déplorable amour , que j'ai pour Roſalie ,
Va juſqu'à la fureur ; oui , c'eſt fait de ma vie ;

J'en mourrai, s'il n'a pas le plus heureux succès ;
Je n'exagére point un si cruel excès.
Et vous, si vous m'aimez ; achevez votre ouvrage.
Vous m'avez embarqué ; sauvez-moi du naufrage.
Vous connoiffez mon rang, ma naiffance, mon bien ;
Parlez à votre sœur, & ne ménagez rien.
Je ne puis trop payer le bonheur de ma vie.
Enfin, pour obtenir la main de Rofalie,
Sacrifiez-lui tout : j'ofe vous l'ordonner,
Je lui devrai bien plus que je ne puis donner.

THEODON.

Je verrai Dorifée.

LE MARQUIS.

Oui, reglez avec elle.

THEODON.

Je compte vous porter une heureufe nouvelle.

LE MARQUIS.

Vous me le promettez ?

THEODON.

Vous pouvez efpérer.

LE MARQUIS.

Près d'elle, en attendant, je vais donc refpirer.

S C E N E   I I.

T H E O D O N *seul.*

CEtte affaire n'eft pas difficile à conclure ;
Et voilà pour ma niéce une heureufe avanture.
J'imagine pourtant que ce choix là n'eft pas
Celui qui pour fon cœur auroit le plus d'appas.
Mais voyons Mélanide. Il faut bien qu'elle fache
Le trifte & malheureux fecret que je lui cache.
Tous mes retardemens ne pourroient empêcher ...

S C E N E   I I I.

MELANIDE, THEODON.

T H E O D O N.

A Votre apartement je vous allois chercher.

M E L A N I D E.

J'étois chez Dorifée, où nous parlions enfemble.
Je la quitte toujours quand le monde s'affemble.

T H E O D O N.

Vous le fuyez ?

M E L A N I D E.

Beaucoup.

T H E O D O N.

Je ne vous comprens pas.
Peut-on ne pas l'aimer, quand on a tant d'apas ;

 MELANIDE,

Lorsqu'on est comme vous, si sûre de lui plaire ;
Tandis que l'on en voit tant d'autres, au contraire,
A travers le torrent se jetter à grand bruit,
Et suivre avec fureur le monde qui les fuit ?

MELANIDE.

N'auriez-vous point, Monsieur, quelque chose à
    m'aprendre ?

THEODON.

Je ne sçais que vous dire, & quel compte vous rendre.
Un si fâcheux détail doit vous être épargné.

MELANIDE.

Non, non, parlez.

THEODON.

        Je suis tout-à-fait indigné.

MELANIDE.

Eh, de quoi donc, Monsieur ?

THEODON.

         Dites moi, je vous prie,
Qu'avez-vous fait à ceux à qui le sang vous lie,
Pour qu'ils se soient ainsi contre vous déchaînés ?
Je ne vis de mes jours des gens plus acharnés.

MELANIDE.

Peut-être ont-ils raison, du moins aux yeux du mon-
    de :
C'est ce qui cause ici ma retraite profonde.

THEODON.

Vos biens sont dans leurs mains sans espoir de retour.
Ne nous en flattons point : je n'y vois aucun jour.
Ils se trouvent armés d'un titre incontestable.

MELANIDE.

Suis-je deshéritée ?

THEODON.

        Il est trop véritable.

MELANIDE.

Quoi, mon pere & ma mere ont eu cette rigueur ?
Se peut-il que le tems n'ait pas changé leur cœur ?

THEODON.

En termes trop précis leur volonté s'exprime.
Des rigueurs de la loi vous êtes la victime.

MELANIDE.

Ah, ciel !

THEODON.

Que votre sort est digne de pitié !

MELANIDE.

Ils ne m'ont donc laissé que leur inimitié ?
De toutes mes douleurs c'est la plus importune.
Mon pardon m'eût été plus cher que ma fortune.
M'abandonnerez-vous à mon sort rigoureux ?
Et mettrez-vous un terme à vos soins généreux ?
Je n'espére qu'en vous. A quoi dois-je m'attendr

THEODON.

A tout ce qui dépend de l'ami le plus tendre.

MELANIDE.

Je vais donc.... Le pourrai-je?... Ah, quelle extrêmité !
Je vais mettre le comble à ma calamité.

THEODON.

Quelle est cette frayeur ?

MELANIDE.

Elle est bien légitime.
Quand vous me connoîtrez, je perdrai votre estime.

THEODON.

Non, Madame ; daignez vous rassurer.

MELANIDE.

Ah, ciel !
Il faut donc dévoiler un secret si cruel ,
Et m'arracher enfin.... Vous ne pourrez me croire.
C'est l'aveu d'une erreur qui m'a couté ma gloire.
J'ai payé chérement l'égarement affreux
Où je tombai. Ce fut à l'âge dangereux ,
Où souvent le bonheur peut mieux que la sagesse
Sauver un jeune cœur des piéges qu'on lui dresse.
Sans m'en apercevoir, le mien fut obsédé.

          M E L A N I D E,

Je plûs ; j'y fus fenfible. A peine eus-je cédé
Que notre amour naiffant, fi doux fi plein de char-
    mes,
En s'augmentant toujours, me coûta bien des larmes.
L'avenir à nos yeux, fans nulle obfcurité,
Vint s'offrir, & troubla notre fécurité.
Nous vîmes, mais trop tard, que jamais l'hymenée
Ne feroit le bonheur de notre deftinée.
Nous devînmes certains de ne point obtenir
L'heureux confentement qui pouvoit nous unir.
Des haines, des procès ; & mille circonftances,
Auroient fait rejetter nos plus vives inftances.
Nos feux étoient fecrets : s'ils s'étoient déclarés,
Notre perte étoit sûre ; on nous eût féparés.

          T H E O D O N *à part.*
Le Marquis à peu près m'a tenu ce langage.
    [*à Melanide.*]
Continuez.

          M E L A N I D E.
      Je n'ofe en dire davantage.
          T H E O D O N
Non, Madame ; daignez me parler fans détour.
Quel parti prites-vous ?
          M E L A N I D E.
                Le parti de l'amour.
L'objet de ma tendreffe employa trop de charmes,
Son affreux defefpoir me caufa trop d'alarmes.
L'un & l'autre aveuglés, l'un & l'autre indifcrets,
Nous ofâmes penfer à des liens fecrets.
L'effroi me tint long-tems au bord du précipice.
Hélas ! il n'en eft point que l'amour ne franchiffe.
Je ne pus réfifter au penchant le plus doux.
Sur la foi des fermens... nous devinmes époux.
Je vois que fans frémir vous n'avez pû m'entendre :
A ce funefte effet je devois bien m'attendre.
Nous étions trop heureux, notre amour nous trahit ;
Ce funefte fecret enfin fe découvrit.

J'éprouvai la rigueur que j'avois méritée,
D'une famille alors justement irritée.
Celle de mon époux ardente à nous punir,
Résolut de me perdre & de nous désunir.
En vain il reclama contre leur violence.
Un arrêt (qu'on dit juste) assouvit leur vengeance.
A peine mon oprobre eut été prononcé,
Par un pere en fureur il me fut annoncé ;
Au rang de ses enfans je ne fus plus comptée ;
Dans le fond d'un desert je me vis transportée,
Où depuis dix-sept ans livré à mes douleurs,
Aucun soulagement n'a suspendu mes pleurs.

T H E O D O N *à part.*

Quelle conformité !

M E L A N I D E.

   Ce qui va vous surprendre,
Croiriez-vous que l'amant, que l'époux le plus tendre
Me laissa dans l'horreur du plus profond oubli ?
Son amour, ses sermens, tout fut enséveli....
Mais le dois-je accuser de tant de perfidie ?
Non, le moindre soupçon m'auroit coûté la vie,
Ses soins, comme les miens, ont été superflus.
Il m'a cherchée en vain ; peut-être il ne vit plus.
C'est pour le retrouver que mon cœur vous implore.
Tout peut se réparer. S'il respire, il m'adore.
Je suis libre ; il doit l'être. Aidez-moi de vos soins.
Pour mon seul intérêt je vous presserois moins ?
Il en est un plus cher à ma tendresse extrême.

T H E O D O N.

N'eûtes-vous pas un fils ?

M E L A N I D E.

   Hélas ! C'est pour lui-même
Que la plus tendre mere implore votre apui.

T H E O D O N.

[*à part.*] [*haut.*] [*à part.*]
Justement ! Espérez. Sçachons si c'est celui....

M E L A N I D E.

Mon époux seroit-il de votre connoissance ;

T H E O D O N.

Peut-être. N'est-il pas d'une illustre naissance ?

M E L A N I D E.

Oui, Monsieur, il servoit : il doit être avancé.

T H E O D O N.

Comment se nommoit-il ?

M E L A N I D E.

Le Comte d'Ormancé.

T H E O D O N *avec chagrin.*

Ce n'est plus lui.

M E L A N I D E.

Qui donc ?

T H E O D O N.

Je croyois le connoître.
Le raport est entr'eux aussi grand qu'il peut l'être :
Mais c'est un faux espoir que je vous ai donné.

M E L A N I D E.

Que dites-vous ?

T H E O D O N.

Celui que j'avois soupçonné,
Depuis long-tems, éprouve un sort pareil au vôtre ;
Tout ressemble, au nom près ; mais il en porte un
　　autre.

M E L A N I D E.

Rien n'est plus étonnant. Comment l'apelle-t-on ?

T H E O D O N.

Le Marquis d'Orvigny. Le connoissez-vous ?

M E L A N I D E.

Non.

T H E O D O N.

Il vient souvent ici.

M E L A N I D E.

Voilà ce que j'ignore.

T H E O D O N.

Vous auriez pû le voir ; vous le pouvez encore.

MELANIDE.

Où donc ?

THEODON.

Chez Dorifée. Il n'y fait que d'entrer.
Comment avez vous pû ne le pas rencontrer ?

MELANIDE.

Je difparois toujours dès qu'il vient des vifites ;
Et je n'ai jamais vû celui que vous me dites.

THEODON.

Il faut chercher ailleurs. Je vous promets du moins
Que je n'épargnerai ni mes pas ni mes foins.

MELANIDE.

Quel embarras pour vous !

THEODON.

Je m'en charge avec joie ;
Et je vais dès ce jour me mettre fur la voye.

MELANIDE.

On ne fçait point ici ma fituation.
J'ai craint de me livrer à leur difcrétion.

THEODON.

Quoi, vous n'avez jamais apris à Dorifée.
La caufe de vos pleurs ?

MELANIDE.

Non, je l'ai déguifée.
Je n'ai crû qu'à vous feul devoir ouvrir mon cœur.

THEODON.

Mon zèle me rendra digne de cet honneur.

SCENE IV.

THEODON *seul.*

D'Abord, à Dorifée allons, courons aprendre
Un bonheur que, fans doute, elle n'ofoit at-
 tendre.
Que je plains d'Arviane ! Il fera furieux.
Mais, que faire ? Il pourra quelque jour trouver
 mieux.
A fon âge, on remplace aifément ce qu'on aime.
Mélanide revient.

SCENE V.

MELANIDE, THEODON.

MELANIDE.

AH, ma joye eft extrême !
Il fortoit ; je l'ai vû.
THEODON.
 Qui donc avez-vous vû ?
MELANIDE.
Le Marquis d'Orvigny... Quel bonheur imprévû !
Je m'étois mife en lieu, d'où, fans être aperçuë,
Je l'ai vû de mes yeux. Ils ne m'ont point déçuë;
Il fembloit que mon cœur me l'avoit annoncé.
THEODON.
Quoi ?
MELANIDE.
Le Marquis eft....

THEODON.

Qui ?

MELANIDE.

Le Comte d'Ormancé.

THEODON.

Ne vous trompez-vous point ?

MELANIDE.

Quoi ! Vous doutez encore ?
Hé ! Peut-on se méprendre à l'objet qu'on adore ?
C'est lui-même ; j'en ai des signes trop certains.
Mes sens se font troublés ; mes yeux se font éteints ;
Mon cœur a tressailli.... Que mon ame est ravie !
Non, il n'est plus personne à qui je porte envie.
Tous mes pleurs font payés. Sans mon saisissement,
J'aurois cedé, fans doute, à mon empressement...
Vous avez déploré mon infortune affreuse.
Félicitez-moi donc.

THEODON *d'un air embarrassé.*

La rencontre est heureuse.

MELANIDE.

Heureuse ! J'en mourrai. Mais ne différez pas :
Vers un époux si cher précipitez vos pas ;
Sa vive impatience égalera la mienne.
Qu'il vienne réunir ma flâme avec la sienne.
Volez... Mais je vous vois un air embarrassé !
D'où vient ce froid mortel dont vous êtes glacé ?
Ne partagez-vous point le bonheur qui m'arrive ?

THEODON.

J'avouerai que ma joye auroit été plus vive,
Si je n'apréhendois un contre-tems fâcheux.

MELANIDE

En quoi donc mon bonheur peut-il être douteux ?

THEODON.

Il ne devoit pas l'être.

MELANIDE.

Expliquez-vous, de grace.
Quel est-ce contre-tems ? Qu'est-ce donc qui se passe

Je retrouve l'époux que j'avois tant pleuré.
Se peut-il que mon fort ne foit pas aſſuré ?
        THEODON *après avoir un peu rêvé.*
Il reprendra ſans doute, une chaine ſi belle.
Il eſt trop vertueux pour n'être pas fidelle.

SCENE VI.

DORISE'E, ROSALIE, THEODON, MELANIDE.

DORISE'E *à Roſalie.*

ON a ſur un amant un pouvoir abſolu.
Il auroit obéi, ſi vous l'euſſiez voulu.

ROSALIE.

Madame, ce reproche a de quoi me ſurprendre.

DORISE'E *à Melanide.*

D'Arviane nous reſte, on vient de me l'aprendre.
Je penſe qu'il eſt bon de vous en avertir.

MELANIDE.

Il me ſemble pourtant qu'il s'aprête à partir.

DORISE'E.

J'ai ſçû qu'il ne pouvoit ſe réſoudre à l'abſence,
Et que, pour vous cacher ſa déſobéiſſance,
Il doit ſe retirer chez un de ſes amis.

MELANIDE.

Je croyois qu'à mon ordre il ſeroit plus ſoumis.

DORISE'E *regardant Roſalie.*

Aux volontés d'une autre il auroit pû ſe rendre.
On avoit des moyens qu'on n'a pas voulu prendre :

La raison m'en paroit aifée à pénétrer.
Mais, laiffons ces détails ; je n'y veux pas entrer.

ROSALIE.

Trop de prévention peut-être vous abufe.

DORISE'E.

La prompte obéiffance eft la meilleure excufe :
C'eft la feule, en un mot, que je puiffe adopter.
Ainfi, Mademoifelle, il vous plaira d'opter.
Le Cloître eft d'un côté, de l'autre eft l'Hymenée.
Vous même, décidez de votre deftinée,
Acceptez, dès ce jour un époux de ma main,
Ou déterminez-vous à partir dès demain.
On vous offre un bonheur que vous n'ofiez prétendre.
Le Marquis d'Orvigny vient de me faire entendre
Qu'il veut bien partager fa fortune avec vous.
C'eft le plus tendre amour qui vous offre un époux.

MELANIDE à part,

Oh ciel ! Quel coup de foudre !

DORISE'E à Rofalie.

En cas qu'il vous convienne,
Dictez votre réponfe, elle fera la mienne.

MELANIDE à part.

Oh ciel !

DORISE'E à Rofalie.

Pour d'Arviane, il y faut renoncer ;
[en regardant Mélanide.]
Madame vous dira de n'y jamais penfer.

MELANIDE à part.

Que vais-je devenir ?

DORISE'E à Mélanide.

Qu'elle-même décide....
Que vois-je !... Qu'avez-vous ?... Ma chére
Mélanide.

MELANIDE *en se laissant aller dans les bras de Théodon.*

Hélas ! Je n'en puis plus.

THEODON.

Aidez-moi promptement.
Il faut la ramener dans son apartement.

[*Dorisée, Rosalie & Théodon l'aménent.*]

Fin du second Acte.

ACTE III.

SCENE PREMIERE.

ROSALIE seule.

QUE je hais du Marquis la recherche impor-
    tune !
  Faut-il que d'Arviane ait si peu de fortune ?
Ah u moins, pour jamais, s'il me perd aujour-
    d'hui ,
Un autre n'aura pas un bien qui fut à lui.
Mais , hélas ! le voici. Faisons-nous violence ,
Pour le persuader de mon indifférence.
Le bonheur de sçavoir qu'il me fait soupirer ,
Ne pourroit plus servir qu'à le désespérer.

SCENE II.

D'ARVIANE, ROSALIE.

ROSALIE.

QUe ne me fuyez-vous ? Quel espoir vous attice ?
D'ARVIANE.
Vous paroissiez avoir quelque chose à me dire,
DORISE'E.
Je l'ai cru. Ce n'est rien. Ne me retenez plus.

D'ARVIANE.

Pour le plus grand mépris je prendrai ce refus.

ROSALIE.

Mais il faut donc vouloir tout ce qui peut vous plaire?
Hé bien ! n'avez-vous point de reproche à vous faire?

D'ARVIANE.

Le seul que je me fasse est de vous trop aimer.

ROSALIE.

Laissez-là votre amour ; tâchez de vous calmer.
Que devient ce départ promis & nécessaire ?

D'ARVIANE *plus doucement.*

J'y songe aparemment.

ROSALIE.

On sçait tout le contraire.

D'ARVIANE *vivement.*

C'est me persécuter d'une étrange façon.
Avois-je si grand tort de prendre du soupçon ?
Oui, je reste ; & s'il faut que je me justifie.
C'est pour être témoin de votre perfidie.

ROSALIE.

Je suis accoutumée à vos vivacités.

D'ARVIANE.

Achevez librement ce que vous méditez,
Sans craindre désormais que je vous importune.
Mais, en sacrifiant l'amour à la fortune,
Faloit-il abuser de ma foible raison ?
Ne peut-on se quitter sans une trahison?

ROSALIE.

Seroit-ce bien à moi que ce discours s'adresse ?

D'ARVIANE.

Deviez-vous affecter une fausse tendresse ?
Jamais tant de noirceur ne peut se pardonner.

ROSALIE.

De tout ce que j'entens j'ai lieu de m'étonner.
C'est vous qui m'accusez quand je suis offensée !

Et fur quoi fondez-vous cette plainte infenfée?

D'ARVIANE.

Le Marquis ne va pas devenir votre époux?

ROSALIE.

Peut-être.

D'ARVIANE.

Ce n'eft pas votre efpoir le plus doux ?
Pour hâter mon départ, dont j'ai prévû la fuite,
Vous n'avez pas flatté mon ame trop féduite ?
Nos adieux font trop bien gravez dans mon efprit.
Perfide ! En me quittant, vous ne m'avez pas dit :
Imaginez, pourtant, que j'y ferai fenfible
Autant que je dois l'être.

ROSALIE.

Ah! Rien n'eft plus rifible.
L'interprétation vous égare & vous perd.
Si l'on preffoit ainfi les mots dont on fe fert.
Et les expreffions qui font de cette efpéce,
Il faudroit du difcours bannir la politeffe.

D'ARVIANE.

Quoi, le plus tendre aveu, quand on l'aprofondit,
N'eft plus qu'un compliment ?

ROSALIE.

Je vous ai toujours dit
D'une façon très-claire & très-intelligible,
Que, fans aucun amour, on peut être fenfible.
L'amitié véritable a fa tendreffe à part,
Qui ne fait à nos cœurs courir aucun hazard.

D'ARVIANE.

Ce n'eft pas-là le prix d'une tendreffe extrême.
Je cherchois de l'amour … depuis que je vous aime,
Et que vous le fouffrez …

ROSALIE.

Pouvois-je l'empêcher ?

D'ARVIANE.

Je n'ai pû parvenir encore à vous toucher.

ROSALIE.

Je m'en raporte à vous.

D'ARVIANE.

Que d'amour inutile,
Si l'eftime infipide & l'amitié ftérile,
Sont les feuls fentimens qui foient connus de vous!
Je comptois vous en voir partager de plus doux.

ROSALIE.

Ceux que vous m'infpirez auroient dû vous fuffire.

D'ARVIANE.

Non, je ne vous crois pas, puifqu'il faut vous le dire.
Je tiens, depuis long-tems, ce fecret renfermé :
Où vous n'aimez qu'à plaire, ou vous m'avez aimé.
Vous riez?

ROSALIE.

C'eft répondre.

D'ARVIANE.

Employez l'ironie !
Elle a, dans votre bouche, une grace infinie.

ROSALIE.

Mais vous, qui m'accufez, dites-moi donc comment
On parvient à pouvoir éconduire un amant ?
Pour fe débarraffer d'une vaine pourfuite,
Voulez-vous qu'une femme ait recours à la fuite?
Ou faut-il qu'elle en faffe une affaire d'Etat?
Qu'elle porte, en tous lieux, fa plainte avec éclat?
En vérité, Monfieur, ce n'eft pas trop l'ufage.
Entre nous, le parti que je crois le plus fage,
Eft de fermer les yeux, de fuporter en paix
Le fléau qui s'attache à fes foibles attraits.

D'ARVIANE.

Avec quelle malice elle fe juftifie !
La cruelle me brave encore & me défie !
C'eft, un peu trop long-tems, s'être laiffé trahir :
Pour ne vous plus aimer, il faudra vous haïr.
Oui, je vous haïrai, je vous le certifie :
C'eft l'unique moyen de me fauver la vie.

ROSALIE.

Il ne falloit donc pas vous en fervir fi tard.

D'ARVIANE.

C'eſt la haine à preſent qui hâte mon départ.
Je m'en fais un plaiſir, une joïe infinie.
Je ne ſens plus ma flâme, elle eſt évanouie.
Recevez les adieux les plus déterminez.

ROSALIE.

Eh bien, je les reçois.

D'ARVIANE.

       Vous vous imaginez
Que je viendrai bien-tôt vous prier de reprendre
Un cœur, qui fut toujours ſi ſoumis & ſi tendre !

ROSALIE.

J'aurois grand tort.

D'ARVIANE.

      A quoi ſerviroit mon retour ?
A rien ; puiſqu'au mépris du plus parfait amour,
La fortune & vous-même avez juré ma perte.
Ma preſence vous gêne, elle vous déconcerte.

ROSALIE.

Partez, ou demeurez ; aimez, ou haïſſez....

D'ARVIANE.

Et le mépris s'en mêle ! Ah, vous me raviſſez !

ROSALIE.

Vous êtes étonnant ! Quel but eſt donc le vôtre ?
Avons-nous quelque eſpoir d'être unis l'un à l'autre ?

D'ARVIANE.

L'avons-nous jamais eu ?... Mais il vaut mieux céder.
Auſſi bien je pourrois ne me plus poſſéder.
A compter d'aujourd'hui, de ce moment funeſte,
Je vous laiſſe au Marquis que mon ame déteſte.
Il ſera bienheureux s'il peut vous enflâmer :
Pour moi, je vais chercher un cœur qui ſçache aimer.

SCENE III.

ROSALIE *seule.*

QUe son sort est cruel ! Du moins il peut s'en
    plaindre.
Et moi, par le devoir réduite à me contraindre,
Je ne puis recevoir aucun soulagement.
Voilà donc où conduit un tendre engagement !
Nous aurions dû prévoir tant de sujets de larmes.
Dans les commencemens d'un amour plein de char-
    mes,
Que l'esprit & le cœur sont frapez foiblement
D'un malheur, qui n'est vû que dans l'éloignement !
Enfin, mon choix est fait ; il faut que je l'annonce ;
Ma mere impatiente, attend une réponse...

SCENE IV.

THEODON, D'ARVIANE, ROSALIE.

THEODON *en ramenant d'Arviane.*

REntrez donc.
D'ARVIANE.
Non, Monsieur ; j'ai fait trop de sermens.
THEODON.
Eh bien, parjurez-vous ; c'est le droit des amans.
Il me faut, à la fois, sa presence & la vôtre.

Eh ! Pour l'amour de moi, fouffrez - vous l'un &
    l'autre.
                D'ARVIANE.
Ce fera malgré moi, puifque vous m'y forcez.
                ROSALIE.
Ce fera par refpeɛt, puifque vous m'en preffez.
                THEODON.
Je vous fuis obligé. La complaifance eft rare.
Les Amans font entr'eux un peuple bien bizarre....
Pardonnez ; j'oubliois que je fuis devant vous.
                ROSALIE.
Je vous les abandonne ; ils extravaguent tous.
                THEODON.
Vous vous rendez juftice. En tous cas il me femble
Qu'on devroit, en s'aimant, un peu mieux vivre
    enfemble.
                D'ARVIANE.
Sans doute. Eft-ce ma faute ? Et peut-on me blâmer ?
Je ne fçais qu'adorer, c'eft ma façon d'aimer.
Mais, où trouver un cœur capable d'y répondre ?
Le choix que j'avois fait a de quoi me confondre.
            THEODON à Rofalie.
Ne repliquez-vous rien ?
                D'ARVIANE.
                    J'ofe l'en défier.
                ROSALIE.
Moi, Monfieur ! Je n'ai point à me juftifier.
                THEODON.
C'eft la régle entre amans ; l'un fe plaint, l'autre
    nie :
La querelle s'embrouille, & devient infinie.
            ROSALIE à Théodon.
Pourquoi, dans ce procès, vouloir m'embarraffer ?
        [en montrant d'Arviane.]
Ce doit être à Monfieur qu'il faut vous adreffer.
            THEODON à d'Arviane.
On me renvoye à vous.

D'ARVIANE.
Non, non, qu'elle pourſuive,
J'ai bien pris mon parti. Si jamais il m'arrive
D'avoir le moindre amour, je veux bien en mourir.
THEODON à Rofalie.
Vous en dites autant ? Et, ſans plus diſcourir,
Je vois bien qu'entre vous l'affaire eſt décidée.
J'en ſuis fâché, pourtant ; j'avois eu quelque idée.
D'ARVIANE.
Et qui, vous ?
THEODON.
Il n'eſt plus beſoin de l'expliquer.
D'ARVIANE.
Ah ! Vous pouvez toujours nous la communiquer.
THEODON.
Ma foi, ſur l'aparence eſt bien fou qui s'y fonde.
Oui, j'aurois parié, mais toute choſe au monde,
Que, depuis très-long-tems les plus tendres amours
Uniſſoient vos deux cœurs.
D'ARVIANE.
Eh ! Supoſez toujours.
THEODON.
La ſupoſition me paroît un peu forte.
[à Rofalie.]
N'en convenez-vous pas ?
ROSALIE.
Sans doute ; mais n'importe ;
Vous pouvez contenter ſa curioſité.
D'ARVIANE.
Quel étoit ce deſſein ?
THEODON.
Mon projet eût été
De vous unir tous deux par un bon mariage.
[à part.]
J'aſſurois tout mon bien... Ils changent de viſage !
[haut.]
Doriſée eût, ſans doute, accepté le parti.

ROSALIE.
Quoi, ma mere ?...

THEODON.
Oui, vous dis-je ; elle auroit consenti...

D'ARVIANE.
Qu'entens-je ? Et qu'ai-je fait ? Grands Dieux !

ROSALIE *à part.*
Quel parti suivre ?

D'ARVIANE.
Je pouvois être heureux ! Je n'y pourrai survivre.

[*à Rosalie.*]

Mon bonheur est-il possible ; on daigne y concourir !

[*Il se jette à ses genoux.*]

Ah, Rosalie ! Hélas ! Dois-je vivre, ou mourir ?
Je sens tous mes excès ; ils sont irréparables.
L'infortune & l'erreur, toujours inséparables,
Ont causé le transport & le délire affreux,
Où vient de succomber un cœur trop amoureux.

ROSALIE.
Songez-vous bien à tout ce qu'il faut que j'oublie ?
Le reproche, l'insulte !...

D'ARVIANE.
Il y va de ma vie.
L'amour au desespoir est toujours insensé.

ROSALIE.
Levez-vous.

D'ARVIANE *à Théodon.*
Ah ! Monsieur, vous avez bien pensé.
Que rien ne vous arrête.

THEODON.
Eh bien, l'affaire est faite.
J'ai parlé, Dorisée en paroit satisfaite.

D'ARVIANE.
Dorisée y consent ? Que de félicitez !

[*Il baise la main de Rosalie.*]   [*Il embrasse Théodon.*]

Ma chére Rosalie !... Ah ! Monsieur, permettez...

MELANIDE,

THEODON.

Il faut que Mélanide achéve mon ouvrage.
Allez donc au plus vîte obtenir son suffrage.

D'ARVIANE.

Nous l'aurons. Mais, souffrez...

THEODON.

Epargnez-vous ces soins.
Si vous êtes contens, je ne le suis pas moins.

SCENE V.

THEODON *seul.*

Travaillons à present au bonheur de sa tante.
Je crois que le Marquis remplira mon attente ;
Que son premier amour, facile à réveiller,
Dans le fond de son cœur ne fait que sommeiller.

SCENE VI.

LE MARQUIS, THEODON.

LE MARQUIS.

JE vous trouve à propos.

THEODON.

J'en ai l'ame ravie.

LE MARQUIS.

Qu'avez-vous décidé du bonheur de ma vie ?
Monfieur, m'avez-vous mis au comble de mes vœux !
Dites ; puis-je efpérer d'être bien-tôt heureux ?

THEODON.

Il ne tiendra qu'à vous , fi vous le voulez être.

LE MARQUIS.

Comment , fi je le veux ?

THEODON.

Vous en êtes le maître.

LE MARQUIS.

N'avez-vous pas conclu ?

THEODON.

Tout eft bien avancé.
Ne vous nommiez-vous pas le Comte d'Ormancé ?

LE MARQUIS.

On m'apelloit ainfi ; c'eft mon nom véritable.
Un oncle , en me laiffant un bien confidérable,
M'a fait prendre à la fois , fon nom & fon bonheur.
Je le dis volontiers , & je m'en fais honneur ;
C'eft à lui que je dois la meilleure partie
De ce que je vais mettre aux pieds de Rofalie.

THEODON.

Ne pourrois-je fçavoir à peu près en quel tems

Vous avez pris ce nom?
LE MARQUIS.
Depuis près de seize ans.
THEODON.
Et vous étiez déja , depuis plus d'une année,
Séparée , malgré vous, de cette infortunée ,
Dont la perte a causé votre juste courroux?
LE MARQUIS.
Il est vrai. Mais pourquoi ?
THEODON.
Je n'ai point sû de vous
Comment on apelloit une épouse si tendre.
LE MARQUIS.
Eh , Monsieur, à present , laissons en paix sa cendre.
Elle & le triste fruit de mon funeste amour
Ne sont plus. Eloignons cette idée en ce jour.
THEODON.
Mélanide est son nom?
LE MARQUIS.
Ma surprise est extrême !
Monsieur , d'où pouvez-vous l'avoir sçû ?
THEODON.
D'elle-même.
LE MARQUIS.
Vous l'avez donc connue ?
THEODON.
Oui.
LE MARQUIS.
Vous m'étonnez fort;
Est-ce long-tems avant qu'elle ait fini son sort?
En quel endroit ?
THEODON.
Sortez d'une erreur trop cruelle.
Je vous ai retrouvé cette épouse fidelle,
Toujours digne de plaire, & de vous enflâmer.
Elle respire encore, & c'est pour vous aimer.

LE MARQUIS.

Mélanide !

THEODON.

Oui : la mort n'a point tranché sa vie.
Depuis qu'entre vos bras elle vous fut ravie,
Elle n'a point cessé d'aimer, & d'espérer.

LE MARQUIS.

Ah ! De grace, un moment laissez-moi respirer.
De tous les coups du sort ce n'est pas là le moindre.
Mais où falloit-il donc aller pour la rejoindre ?
Qu'ai-je à me reprocher ? Où n'ai-je point erré ?
Au fond de quel desert n'ai-je point pénétré ?
Quel charme nous rendoit l'un à l'autre invisible ?
Il est donc pour l'amour des lieux inaccessibles ?
Partout, mais vraiment, j'avois porté mes pas ;
Lorsque de toutes parts on m'aprit son trépas.

THEODON.

Monsieur, on vous trompoit.

LE MARQUIS.

                    Mais son silence même
M'a toujours confirmé dans cette erreur extrême.
Ah ! Devoit-elle ainsi me laisser si long-tems
Déplorer des malheurs que j'ai cru trop certains.

THEODON.

Ne lui reprochez rien.

LE MARQUIS.

                    Sur les moindres nouvelles,
Soyez sûr que l'amour m'auroit donné des ailes.

THEODON.

Eh ! Ne lui faites point ce reproche indiscret.
Ses lettres ont été soustraites en secret.
Avec trop de rigueur elle étoit observée.

LE MARQUIS.

Eh ! comment donc, Monsieur, l'avez-vous retrou-
    vée ?

THEODON.

Elle n'est plus en proie au courroux trop réel

D'une mere inflexible, & d'un pere cruel :
Et c'est depuis trois mois qu'avec leur destinée,
Leur tyrannie affreuse est enfin terminée.

LE MARQUIS.

Ah, Mélanide, hélas ! Quel moment prenez-vous
Pour venir reclamer le cœur de votre époux ?
Malgré moi, malgré lui, l'amour vous a trahie.
Je ne l'ai plus ce cœur ; il est à Rosalie.
Ce n'est point sans combats qu'il s'est enfin rendu.
Je l'ai trop disputé, je l'ai trop défendu,
Pour oser espérer de pouvoir le reprendre :
Il est trop tard.

THEODON.

Comment ? Et qu'osez-vous m'aprendre ?

LE MARQUIS.

Que je crains de céder à la fatalité
Qui pourroit m'entraîner à l'infidélité.

THEODON.

Cette fatalité n'est autre que vous-même.
Vous craignez de céder ? Quelle foiblesse extrême !
Mais il faut excuser un premier mouvement ;
Vos esprits ont été frapés trop vivement :
Vous y penserez mieux.

LE MARQUIS.

Eclatez sans contrainte ;
De reproches sans nombre accablez moi sans crainte :
Les plus sanglans de tous sont ceux que je me fais.

THEODON.

Eh ! Croyez-vous par là vos devoirs satisfaits ?

LE MARQUIS.

Ma ressource est du moins d'être plus excusable.

THEODON.

Ah, ciel ! Cette ressource indigne & méprisable
N'est pas faite pour vous. Malheur à qui s'en sert !
Hélas ! Presque toujours c'est elle qui nous perd.
Sans faire un seul effort, vous vous laissez abattre ?
De peur de triompher, vous n'oseriez combattre

LE MARQUIS.

Mes efforts pourroient bien devenir superflus.

THEODON.

Ah! Vous devez sentir qu'il en coûte bien plus
A trahir son devoir, qu'à vaincre sa foiblesse.

LE MARQUIS.

Vous n'avez ni mon cœur, ni le trait qui le blesse.

THEODON.

Non : mais j'ai, comme ami, votre gloire à sauver :
C'est un bien assez cher pour vous le conserver.
Etouffez un amour qui n'est plus légitime.
Le penchant doit finir où commence le crime.

LE MARQUIS.

Le crime, dites-vous ?

THEODON.

Le mot m'est échapé,
Je ne m'en dédis point, quoiqu'il vous ait frapé.
Je vois quelles raisons votre amour vous prépare.
Vous allez m'alléguer qu'un arrêt vous sépare.
Pouvez-vous à présent revendiquer des loix,
Que vous ne trouviez pas si justes autrefois ?
Soyez vrai ; j'interroge ici votre droiture.
Vous êtes-vous cru libre après cette rupture ?
Pourquoi donc Mélanide a-t-elle si long-tems
Nourri dans votre sein les feux les plus constans ?
Vous n'aurez donc été fidèle qu'à son ombre ?
Quoi, si-tôt qu'elle sort de la nuit la plus sombre,
Vous objectez l'arrêt qui vous a séparés ?
Ce n'est plus lui, c'est vous qui la deshonorés.
Quel prix réservez-vous à l'amour le plus tendre ?
Quelle horreur sur vos jours est prête à se répandre,
Vous n'aurez donc été qu'un lâche suborneur ?

LE MARQUIS.

Cet amour excessif qui maîtrise mon cœur,
N'a jamais, dans le vôtre altéré la sagesse.
On censure aisément, quand on est sans foiblesse.
Souvenez-vous du moins, si je me suis rendu,

Que ce n'a pas été fans m'être défendu.
Ma réfolution incertaine & flottante
Ne pouvoit fe fixer, ni remplir votre attente.
Mon amour indécis me laiffoit en fufpens.
Vous ne pouviez prévoir ce fatal contre-tems.
Mais qui dois-je accufer, fi j'en fuis la victime ?
A qui dois-je ma perte ? A vous, qui, vers l'abîme
Preffant toujours mes pas la crainte enchaînés,
Enfin, jufques au fond les avez entraînés.
Penfez-vous que je puiffe, au gré de votre zèle,
Me relever d'abord d'une chûte mortelle ?
Ne le préfumons pas : j'y vois trop peu de jour.
La pente qui m'aidoit fert d'obftacle au retour.
Cependant, quelque foit cet amour fi funefte,
J'aimerai contre lui la vertu qui me refte.

THEODON.

J'en dois tout efpérer.

LE MARQUIS.

Vous m'avez pénétré ;
Dans toutes vos raifons mon efprit eft entré :
Mais le cœur n'eft jamais fi facile à convaincre :
Je ne fçais fi le mien pourra fe laiffer vaincre.

THEODON.

Ne vous arrêtez pas à de foibles effais.
Je répons des efforts, & non pas du fuccès.

SCENE VII.

UN VALET, LE MARQUIS, THEODON.

LE VALET *au Marquis.*

MOnsieur, j'allois chez vous. Madame Doriffe
Veut vous voir un moment pour affaire preffée.

LE MARQUIS.

[*au Valet.*] [*à Théodon.*]
J'y vais. Permettez-vous ?...

THEODON.

J'ofe vous en prier.

SCENE VIII.

THEODON *feul.*

IL ne devine pas qu'on va le fuplier
De ne plus déformais penfer à Rofalie.
Ce que je viens de faire , eft un coup de partie
Qui les fauve tous quatre , moi même avec eux.
Car enfin il étoit pour moi bien douloureux
D'être fans y penfer le complice d'un crime
Dont Mélanide alloit devenir la victime.
Mais , en réparant tout , j'ai rempli mon devoir :
Et , comme enfin l'amour s'eavole avec l'efpoir ,
Le Marquis , à préfent , aura bien moins de peine
A reprendre fon cœur & fa première chaîne.

C 4

S C E N E   IX.

D'A R V I A N E, T H E O D O N.

D'A R V I A N E.

MOnsieur, vous avez cru faire mon bonheur !

T H E O D O N.

Oui.

D'A R V I A N E.

Sçachez qu'il n'en est rien ; tout est évanoui.
Je suis au desespoir.

T H E O D O N.

Et quelle en est la cause ?

D'A R V I A N E.

A ma félicité Mélanide s'opose :
Il lui plaît d'éluder & de temporiser.

T H E O D O N.

Pourquoi ? Quelle raison la peut autoriser ?

D'A R V I A N E.

Elle prétend, dit-elle, en avoir de secrettes.

T H E O D O N.

Vous m'étonnez !

D'A R V I A N E.

Ce sont de méchantes défaites ;
Et je vois qu'elle cherche à rompre honnétement.

T H E O D O N.

Je ne la conçois pas.

D'A R V I A N E.

C'est un entêtement
Dorisée, aussi-tôt, sensible à cet outrage,
A mandé le Marquis.

THEODON.

Oui, je fçais le meſſage.

D'ARVIANE.

Et, pour que mon malheur fût plûtôt conſommé,
Il faut qu'on ait trouvé cet homme à point nommé.
Il eſt venu : jugez ſi mon bonheur s'arrange.

THEODON.

Il faut voir d'où provient ce changement étrange,

D'ARVIANE.

Monſieur, je ſuis perdu.

THEODON.

Sçachez vous modérer :
Attendez qu'il ſoit tems pour vous déſeſpérer,

Fin du troiſiéme Acte.

ACTE IV.

SCENE PREMIERE.

THEODON, MELANIDE.

MELANIDE.

TElle eſt de mon refus la cauſe néceſſaire,
D'Arviane eſt outré. Mais que pouvois-je faire ?
Quand j'aurois conſenti , rien n'eût été conclu.
Dans cette occaſion n'auroit-il pas fallu
Faire de notre état l'hiſtoire infortunée ?
Doriſée eût alors rompu cet hymenée.
Et pourquoi, ſans beſoin , vouloir s'humilier ?
Répandre ſes malheurs , c'eſt les multiplier.

THEODON.

J'ai cru que mon projet vous ſeroit plus utile.
Cet hymen à preſent me paroit difficile :
Quel dommage ! il pouvoit nous rendre tous heureux.

MELANIDE.

Voilà tous mes ſecrets ; ils ſont ſi douloureux
Qu'il faut les arracher les uns après les autres.

THEODON.

Il eſt peu de malheurs auſſi grands que les vôtres.

MELANIDE.

Voyez la cruauté du ſort qui me pourſuit.
Quand tout ſemble contraire à l'ingrat qui me fuit,
Quand je puis à mon gré lui ravir ma rivale ,
Il faut qu'il ſe rencontre une raiſon fatale
Qui me force à laiſſer combler mon deshonneur.
Pour mon malheureux fils & pour moi quelle horreur !

Mais enfin cruyez-vous qu'on soit assez barbare
Pour nous livrer tous deux aux pleurs qu'on nous
          prépare ?

THEODON.

Je le crains.

MELANIDE.

                    Vos efforts seroient infructueux ?
On a tant de pouvoir sur un cœur vertueux.
Le sien est fait pour l'être ; il l'étoit ; j'en suis sûre.
Eh ! Pourquoi voulez vous qu'il devienne parjure ?
Vous êtes effrayant, quand l'espoir me séduit.

THEODON.

Je voudrois, en l'état où le sort vous réduit,
Pouvoir, sans vous tromper, dissiper vos alarmes.
Mais, hélas ! Je ne puis que partager vos larmes ;
Je tremble que bien-tôt, peut-être dès ce jour,
Votre époux ne vous soit arraché par l'amour.
Tout m'allarme pour vous ; & rien ne me rassure.
Peut-être en ce moment signe-t'il son parjure.

MELANIDE.

Ah ! Perfide, arrêtez ; c'est l'arrêt de ma mort...
Vous n'empêcherez pas un si cruel accord ?

THEODON.

Eh, Madame, comment ?

MELANIDE.

                    Votre pitié se lasse ?

THEODON.

On me fait un secret de tout ce qui se passe.

MELANIDE.

Ainsi donc Rosalie accepteroit mon bien ?

THEODON.

C'est ce qui me surprend ; & j'apréhende bien
Que de tant de grandeurs la brillante chimére
N'ait ébloui la fille aussi-bien que la mere.
Rosalie est, d'ailleurs, contrainte d'obéir.
Elle n'a pas le choix.

MELANIDE.

Tout sert à me trahir.
Ah! Monsieur, vous voyez qu'en cet état funeste,
La pitié que j'inspire est tout ce qui me reste.
Ai-je épuisé la vôtre? Il me seroit affreux…

THEODON.

Elle suit vos malheurs, & redouble avec eux.

MELANIDE.

Et me permettez vous d'en abuser encore?

THEODON.

Ah! Votre confiance & m'oblige & m'honore;
Disposez de mon zèle.

MELANIDE.

Auprès de mon époux
Daignez donc l'employer; portez les derniers coups;
Faites-lui bien sentir que, s'il me sacrifie,
Mes pleurs feront autant de taches sur sa vie;
Que le bien qu'il reprend est un vol qu'il me fait;
Des plus vives couleurs peignez-lui son forfait:
Dites-lui, qu'en m'ôtant ma gloire, il perd la sienne;
Que sa honte sera plus grande que la mienne;
Et qu'il est (quelque soit l'excès de mes douleurs)
Plus affreux d'être en proïe aux remords qu'aux mal-
  heurs.
Mais non. Ne vous servez que des plus douces armes;
Jusqu'au fond de son cœur faites couler mes larmes:
Hélas! Ne lui portez que des gémissemens,
Que de tendres douleurs & des embrassemens.
Renouvelez-lui bien la foi que je lui donne
De lui garder toujours ce cœur qu'il abandonne;
Ce cœur qui lui parut un don si précieux.
Cet heureux tems n'est plus. Mais, Monsieur, faites
  mieux;
Parlez-lui de son fils, il sauvera sa mere.
Qui peut mieux resserrer une chaîne si chére?
Qu'il regarde en pitié le fruit de son amour,
Quoique ce soit de moi qu'il ait reçû le jour.

Dans ce gage innocent de sa tendresse extrême ,
Je le conjure , hélas ! de ne voir que lui-même.
Mon sort sera trop doux, si, pour prix de mes pleurs,
Il daigne sur son fils réparer mes malheurs.

T H E O D O N.

Mais voudra-t'il m'entendre ? On fuit ceux qu'on
      redoute.
Il a lieu de me craindre ; il me fuira sans doute.
Et contre-lui tantôt n'ai-je pas éclaté ?
J'espérois son retour ; il m'en avoit flâté.

M E L A N I D E.

Toute ressource enfin seroit-elle épuisée ?
Si j'allois me jetter aux pieds de Dorisée ?
L'aveu de mon état seroit-il indiscret ?

T H E O D O N.

C'est lui dire un peu tard ce malheureux secret.
Pourquoi ne pas aller , dans ce péril extrême ,
A l'auteur de vos maux, au Marquis, à lui-même ?
Vous aurez contre lui des traits victorieux.
Quelque enchanté qu'il soit , paroissez à ses yeux ;
Par un charme plus fort , on en détruit un autre.

M E L A N I D E.

Et sur quoi fondez-vous mon espoir & le vôtre ?
Sur de foibles apas , que le tems & les pleurs !...

T H E O D O N.

Madame, comptez mieux sur vous-même. D'ailleurs,
On s'embellit encore en voyant ce qu'on aime.
Vous n'imaginez pas quelle puissance extrême
Ont les pleurs d'un objet qu'on a trouvé charmant.

M E L A N I D E.

Quand on les fait répandre , on les brave aisément.

T H E O D O N.

Ne perdons point de tems , venez y toute-à-l'heure.

M E L A N I D E.

Si je tombe à ses pieds , il faudra que j'y meure.

T H E O D O N.

Espérez que son cœur ne résistera pas.

Il faut que votre fils accompagne vos pas ;
Qu'il joigne à vos attraits sa jeuneſſe & ſes charmes.
Madame, ils donneront plus de force à vos larmes.
Vous porterez tous deux d'inévitables coups.
Je vous feconderai. Nous vous aiderons tous.
              MELANIDE.
Je ne balance plus. Puiſſent ſous vos auſpices ?
La nature & l'amour nous devenir propices ?
Vous guiderez mes pas. J'irai dès aujourd'hui ,
J'y conduirai mon fils : je n'eſpére qu'en lui.

SCENE II.

UN VALET, THEODON , MELANIDE.

LE VALET *en donnant un billet à Mélanide.*

DE la part de Madame.
              MELANIDE.
                    Et , qu'a-t'elle à me dire ?
          [*au Valet.*]
C'eſt aſſez.

SCENE III.

THEODON, MELANIDE.

MELANIDE.

Voyons donc ce qu'elle peut m'écrire.
[Elle lit.]
Je vous donne au plûtôt ce malheureux avis ;
D'Arviane, chez moi, vient de se méconnoître,
Et d'insulter vivement le Marquis,
L'outrage est, de sa part, aussi grand qu'il peut l'être.
J'en frémis. Voyez donc, & tâchez de trouver
Les moyens d'empêcher ce qui peut arriver.
C'est à moi de frémir.

THEODON.

Cette affaire est affreuse.

MELANIDE.

D'Arviane !.... Ah, Monsieur, que je suis malheureuse !
Je crains sa violence ; elle peut aller loin.

THEODON.

Les momens nous sont chers. Vous, d'abord, ayez
soin
D'arrêter d'Arviane. empêcher qu'il ne sorte :
Et moi, de mon côté, je m'en vais faire en sorte
Qu'il ne se passe rien de la part du Marquis.

MELANIDE.

Que ne vous dois-je pas ?

THEODON.

Mes soins vous sont acquis.

MELANIDE-
Si d'Arviane étoit ici, je vous suplie,
Daignez me l'envoyer.

THEODON.

Vous ferez obéïe.

SCENE IV.

MELANIDE *feule.*

JE tremble que déja fon aveugle fureur
Ne l'ait précipité dans la derniére horreur.
Peut-être en ce moment, que chacun d'eux conf-
        pire...
Mon cœur s'ouvre, mon fein doublement fe déchire;
J'y reçois tous les coups qu'ils peuvent fe porter...
Cette attente eft, pour moi, trop rude à fuporter,
Il faut...

SCENE V.

D'ARVIANE, MELANIDE.

MELANIDE.

QU'avez-vous fait? Vous n'avez qu'à pourfuivre,
Et bien-tôt avec vous on n'ofera plus vivre.

D'ARVIANE.

Quoi donc?

MELANIDE.

        Tenez, voyez, lifez ce qu'on m'écrit,
C'eft bien à vous, Monfieur, à céder au dépit!

Voilà donc la douceur que vous m'aviez promife?
D'ARVIANE.
La fenfibilité ne m'eft donc pas permife?
MELANIDE.
Non, quand elle s'exhale avec trop de chaleur,
Monfieur, il faut aprendre à fouffrir un malheur :
Quand on ne le fçait pas, on s'en attire un autre.
D'ARVIANE.
Pour un moment d'oubli, quel courroux eft le vôtre?
MELANIDE.
Un moment d'imprudence a fouvent fait verfer
Des larmes, que le tems n'a pû faire ceffer.
D'ARVIANE.
Dans l'état où je fuis, pouvois-je me contraindre?
Mais de vous-même auffi n'oferois-je me plaindre?
Si vous m'aimez encore ; au nom de cet amour,
Dites-moi donc pourquoi je perds tout en ce jour.
Vous aviez, dans vos mains, le bonheur de ma vie,
Je pouvois être heureux ; vous m'ôtez Rofalie.
Par quelle cruauté faut-il que ce Marquis
Vous doive tout le bien que je m'étois acquis ?
Car il le tient de vous Dans cette concurrence,
Cet homme devoit-il avoir la préférence ?.
MELANIDE.
Envers votre rival foyez plus circonfpect ;
Et ne fortez jamais du plus profond refpect
Que vous devez avoir pour lui ; je vous l'ordonne.
D'ARVIANE.
Et par quelle raifon ?... Mais votre ordre m'étonne.
Qui, moi le refpecter ? Ah ! retranchez ce point.
MELANIDE.
Je l'exige de vous.
D'ARVIANE.
    Et ne faudra-t'il point
Que je lui faffe auffi des excufes ?
MELANIDE.
       Sans doute :

Il faut vous y résoudre, oui, quoi qu'il vous en coûte.
Croyez que mon conseil n'est pas indifférent.
Obéissez enfin ; ce n'est qu'en réparant ,
Qu'on peut tirer parti des fautes qu'on a faites.

D' A R V I A N E.

Madame , y pensez-vous ?

M E L A N I D E.

Je sçais ce que vous êtes.

D' A R V I A N E.

Ah ! C'en est un peu trop. Ne m'abaissez pas tant.
Mon rival, si l'on veut, est un homme important.
Eh ! Que me fait, à moi, si sa fortune est grande ?
Parce qu'il est heureux, faut-il que j'en dépende ?
Les procédez reçûs entre gens tels que nous,
Ne souffrent pas que j'aille embrasser ses genoux.
S'il se croit offensé, nous avons notre usage.
Je ne suis pas encore à mon aprentissage

[En mettant la main sur son épée.]

S'il veut, nous nous verrons. Ceci nous rend égaux.

M E L A N I D E.

Je gémis de vous voir des sentimens si faux.
Et pour qui !... Mais, je céde ; il vaut mieux vous aprendre
Les causes d'un refus qui vous a dû surprendre.
J'ai prévû, dès long-tems ce qui vient d'éclater.
J'ai combattu vos feux, bien loin de vous flâter.
Je vous ai toujours dit que jamais l'hymenée
N'uniroit Rosalie à votre destinée ;
Que même son amour vous seroit superflu.

D' A R V I A N E.

Madame, cependant, si vous aviez voulu !...

M E L A N I D E.

Si j'avois pû détruire un obstacle invincible ,
Qui rend ce mariage entre vous impossible ;
Je n'aurois pas été moins heureuse que vous.

D' A R V I A N E.

Quel obstacle s'opose à des liens si doux ?

M E L A N I D E.

Votre état.

D'A R V I A N E.

Mon état, dites-vous ? J'en fais gloire.
Je sers avec honneur ; du moins j'ose le croire.
Et, si quelque revers n'arrête point mes pas,
Je ferai mon chemin.

M E L A N I D E.

Vous ne m'entendez pas.

D'A R V I A N E.

Seroit-ce ma fortune ? Elle est assez bornée ;
J'en conviens avec vous. Mais, quoi donc ? l'hy-
    menée
N'a-t'il jamais été l'ouvrage de l'amour ?
Serois-je le premier ?... On en voit chaque jour...

M E L A N I D E.

Mais ils sont assortis, du moins, par la naissance.

D'A R V I A N E.

De la mienne, il est vrai, j'ai peu de connoissance.
Depuis que le hazard a pû nous réunir,
Vous avez évité de m'en entretenir.
Mais je vous apartiens ; ce titre me rassure.
Oui, j'ai quelque naissance ; elle n'est point obscure.

M E L A N I D E.

Ah ! bien loin d'en avoir, gémissez d'être né.

D'A R V I A N E.

Je frémis.

M E L A N I D E.

Et voilà l'obstacle infortuné
Que j'avois toujours craint de vous faire connoître.

D'A R V I A N E.

Moi, j'aurois à rougir de ceux qui m'ont fait naître ?
Quel est donc le néant où j'ai puisé le jour ?

M E L A N I D E.

Que voulez-vous sçavoir ?

D'A R V I A N E.

Parlez-moi sans détour.

La source de ma vie est donc bien méprisable ?

M E L A N I D E.

Elle est, de part & d'autre, assez considérable :
Mais....

D' A R V I A N E.

Quoi donc ? Quel malheur me seroit survenu ?

M E L A N I D E.

Il est affreux.

D' A R V I A N E.

Comment ?

M E L A N I D E.

Vous êtes méconnu,
Vous êtes à la fois le fruit & la victime
D'un hymen, que la loi n'a pas cru légitime.
Ceux qui vous ont fait naître, au desespoir réduits,
L'un de l'autre ont été séparez.

D' A R V I A N E.

Et je suis ?

M E L A N I D E.

Une attente fondée, & trop bien confondue,
A soutenu long-tems votre mere éperdue ;
Elle a cru que des nœuds, brisez malgré l'amour,
Entre elle & son époux se renoueroient un jour.

D' A R V I A N E.

Ne seroit-elle plus ?

M E L A N I D E.

Elle est toujours fidèle.

D' A R V I A N E.

Son époux est donc mort ?

M E L A N I D E.

Il ne vit plus pour elle.

D' A R V I A N E.

Il ne vit plus pour elle ! Eh quoi ! cet inhumain,
En nous restituant son cœur avec sa main,
Pourroit venger l'hymen, l'amour & la nature,
Et n'a pas fait cesser cette indigne rupture ?

MELANIDE.

Son cœur, par un amour impoſſible à dompter,
Involontairement s'eſt laiſſé ſurmonter.

D'ARVIANE.

Devois-je naître? Ah, ciel! Tu m'as choiſi mon pere
Dans un jour malheureux de haine & de colere.
Daignez me le nommer ; je veux dès aujourd'hui
Suivre par-tout ſes pas & m'attacher à lui,
J'irai lui reprocher ma honte & ſon parjure.

MELANIDE.

Ne ſçachez rien de plus.

D'ARVIANE.

   Ah! Je vous en conjure.

MELANIDE.

Je ne puis.

D'ARVIANE.

  Et pourquoi ne voulez-vous donc pas
Que j'aille, de ſa main, recevoir le trépas?
Eſt-ce pour m'accabler qu'il m'a donné la vie?
C'eſt un fardeau pour moi de honte & d'infamie.

MELANIDE.

Vous me faites trembler.

D'ARVIANE.

   Ne me refuſez plus.

MELANIDE.

Vous ferez, près de moi, des efforts ſuperflus.
L'état, où je vous vois, a trop de violence.
L'épouvante & l'effroi m'impoſent le ſilence.

D'ARVIANE.

Pourquoi veux-je ſçavoir ce ſecret accablant,
Puiſqu'on ne peut venger un affront ſi ſanglant?
Me refuſerez-vous auſſi, dans ma miſére,
La grace & la douceur de connoître ma mere?

MELANIDE.

Hélas!

D'ARVIANE.

Vous ſoupirez! En ſuis-je abandonné?

Defavoué ? Sans doute. En dois-je être étonné ?
Je me rends la juftice affreuf: qui m'eft dûe.
Le fein qui m'a conçû, doit frémir à ma vûe :
C'eft pour elle un fuplice ; elle a droit de me fuir.
Ma vie eft fon oprobre, elle doit me haïr.

MELANIDE.

Elle ne vous hait point ; croyez qu'elle vous aime ;
Qu'elle gémit fur vous, plus que fur elle-même.

D'ARVIANE.

Ne refufez donc plus à mes empreffemens,
Le bonheur de jouir de fes embraffemens :
Qu'au moins, dans nos malheurs, notre amour nous
    raffemble ;
Nous les adoucirons, en les pleurant enfemble.

MELANIDE.

Ne la connoiffez point.

D'ARVIANE.

                    Ou réuffiffez-nous,
Ou vous allez me voir mourir à vos genoux.

MELANIDE.

Que vous êtes preffant !

D'ARVIANE.

                    Que vous êtes cruelle !

MELANIDE.

Votre mere fe rend ; vous l'emportez fur elle...
Ah, mon fils !

D'ARVIANE.

        Quoi, c'eft vous ? Mon cœur eft fatisfait.
Le Ciel a fait pour moi le choix que j'aurois fait.

MELANIDE.

Hélas ! Votre deftin n'eft pas moins déplorable.

D'ARVIANE.

O, mere la plus tendre & la plus adorable !

MELANIDE.

Si vous m'aimez autant que je crois l'entrevoir,
Ayez donc fur vous même un peu plus de pouvoir.
Vous voyez quel doit être un jour votre partage.

Il faut, au fond des cœurs, vous faire un héritage :
Leur conquête n'eſt pas l'ouvrage d'un moment ;
On les gagne avec peine, on les perd aiſément :
Mais la douceur attire, & retient ſur ſes traces
L'amitié, la faveur, la fortune & les graces.
La hauteur n'a jamais produit que des malheurs :
Je vous laiſſe y penſer ; je vais cacher mes pleurs.

SCENE VI.

D'ARVIANE *ſeul.*

ME voilà donc inſtruit de mon ſort effroyable !
Grands Dieux ! Quel en eſt donc l'auteur impi-
　　toyable ?
Hélas ! le l'aurois ſçû, ſi j'avois pû calmer
Mes eſprits & mes ſens trop prompts à s'allumer.
A ſa diſcrétion j'aurois été me rendre :
Peut-être ſa pitié… Que devois-je en attendre,
Puiſque tant de vertu jointe à tant de beauté,
N'ont pû de cet ingrat vaincre la cruauté ?
Quelle idée imprévûe, & peut-être inſenſée,
Se forme tout-à-coup au fond de ma penſée ?
Je ne ſçais ; mais je ſens accroître mes ſoupçons,
Quand je penſe aux conſeils, aux avis, aux leçons,
Qu'au ſujet du Marquis j'ai reçûs de ma mere ;
Elle y prend intérêt : Quel en eſt le myſtére ?
Pourquoi tous ces égards, & ce profond reſpect
Qu'elle exige pour lui ? Cet ordre m'eſt ſuſpect.
Ce Monſieur d'Orvigny, qu'on veut que je révére,
Seroit-il, à la fois, mon rival & mon pere ?
Lui ?… Dans ce doute affreux tout ſe confond en
　　moi,

Haine, defir, terreur, efpoir, amour, effroi :
Je ne démêle rien dans ce trouble funefte.
Qui m'en fera fortir?... Mais Théodon me refte;
Il eft inftruit. Allons, & tâchons d'arracher
Le malheureux fecret que l'on veut me cacher.

Fin du quatriéme Acte.

ACTE V.

SCENE PREMIÉRE.

THEODON, LE MARQUIS.

THEODON.

PLUS d'Arviane a tort, plus il doit être à
    plaindre.

LE MARQUIS.

Y songez-vous? A quoi voulez-vous me contraindre?
C'est, pour un étourdi, prendre beaucoup de soin.
Ce jeune homme a poussé l'affaire un peu trop loin.
C'est une offense en forme, une insulte marquée,
Qui jamais ne peut être autrement expliquée.
Elle a trop éclaté dans toute la maison :
Il faut bien, malgré moi, que j'en tire raison.

THEODON.

Vous ne le ferez pas.

LE MARQUIS.

     Pourquoi donc, je vous prie ?
J'y suis très-résolu.

THEODON.

     Vous en perdrez l'envie,
Quand vous serez instruit d'un secret important,
Dont je ne suis instruit que depuis un instant.

LE MARQUIS.

Quand je serai vengé, vous pourrez me l'aprendre.

Tome II.   D

THEODON.
Il ne feroit plus tems.
LE MARQUIS.
J'ai peine à vous comprendre.
THEODON.
Si vous fçaviez à qui d'Arviane apartient !...
LE MARQUIS.
Que m'importe ?
THEODON.
Ah, Monſieur !...
LE MARQUIS.
Dites ; qui vous retient ?
THEODON.
Vous en auriez pitié.
LE MARQUIS.
Suis-je ami de ſon pere ?
Parlez.
THEODON.
Hélas !
LE MARQUIS.
Eh bien ?
THEODON.
Mélanide eſt ſa mere.
LE MARQUIS.
Ah ! Que m'annoncez-vous ?
THEODON.
C'eſt cet infortuné,
Qu'en des tems plus heureux l'amour vous a donné ;
Enfant né pour pleurer la honte de ſa mere,
Déplorable héritier d'oprobre & de miſére,
Sans état, ſans aveu, ſans nom, ſans bien, ſans rang ;
Qui va ſe voir privé de tous les droits du ſang,
Au lieu d'être un objet d'amour, de complaiſance,
De reſſource, de joïe, & de reconnoiſſance.
Il devoit être heureux de vous devoir le jour.
LE MARQUIS.
Hélas !

T H E O D O N.

C'étoit par lui que l'hymen & l'amour
Comptoient que vous deviez vous survivre à vous-
        même :
C'est un bien que le Ciel ne fait qu'à ceux qu'il aime.
Vous l'avez ; & pourquoi n'en jouissiez-vous pas ?
Que voulez-vous de plus qu'un sort si plein d'apas ?
Qu'une épouse pour vous si tendre & si constante,
Et qu'un fils en état de remplir votre attente ?
Songez que, pour jamais, vous allez vous priver
Du bonheur le plus grand qui pût vous arriver.

LE MARQUIS.

Eh ! Daignez m'épargner. Quelle attaque imprévûe !
Ah ! Rosalie, hélas ! Pourquoi vous ai-je vûe ?
Devois-je rencontrer vos dangereux apas ?
Quelle étoile funeste alors guida mes pas ?
Rendez-moi donc ce cœur trop épris de vos charmes:
Son infidèlité fait verser trop de larmes.

THEODON.

Vous les payerez cher, je puis vous l'annoncer.
Mélanide bien-tôt vous en fera verser.
Elle vivoit pour vous. Il faut bien qu'elle meure.

LE MARQUIS.

Qu'entens-je,

THEODON.

Vous allez hâter sa derniére heure.

LE MARQUIS.

Ah ! Cruel, je le vois, vous voulez mon trépas.
Oui, s'il faut que je brise un nœud si plein d'apas...
Mais, comment parvenir à cet effort suprême ?
Est-ce à l'amour heureux à s'immoler lui-même ?

THEODON.

Quand il est criminel, il ne peut être heureux.
Mais, voilà votre fils, e vous laisse tous deux.

SCENE II.

D'ARVIANE, LE MARQUIS.

LE MARQUIS *à part.*

THéodon ne doit pas avoir eu l'imprudence
De faire à d'Arviane aucune confidence.

D'ARVIANE.

Quand, jufqu'au fond du cœur pénétré de regret,
Je cherche à réparer un tranfport indifcret,
Avec quelque bonté daignerez-vous m'entendre ?
Je viens chercher ma grace. A quoi dois-je m'atten=
dre ?

LE MARQUIS.

Dès que vous fouhaitez que tout foit effacé,
Je ne me fouviens plus de ce qui s'eft paffé.

D'ARVIANE.

Je craignois de trouver un rival inflexible,
Prévenu contre moi d'une haine invincible.
Si vous me haïffiez, mon fort feroit affreux.

LE MARQUIS.

On ne hait pas toujours ceux qu'on rend malheureux.

D'ARVIANE.

Cet aveu n'adoucit mes maux qu'en aparence,
Si vous ne me voyez qu'avec indifference.

LE MARQUIS.

[*à part.*]

Croyez que je vous plains. Tous mes fens font trou=
blez.

D'ARVIANE.

Votre pitié m'eft chére. Ah ! Si vous la réglez.
Sur l'état où je fuis, elle doit être extrême.

LE MARQUIS,

Je sçais qu'il est cruel de perdre ce qu'on aime,

D'ARVIANE.

J'ai bien d'autres sujets de me desespérer.
Je serois trop heureux de n'avoir à pleurer
Qu'une si douloureuse & si triste infortune :
Cette perte, après elle, en entraîne encore une.
On n'éprouva jamais un revers plus affreux.
Hélas ! J'avois un pere illustre, généreux,
Digne d'être à jamais ma gloire & mon modelle :
Je ne pouvois sortir d'une source plus belle.
Vain bonheur ! Au mépris de l'amour paternel,
Il veut couvrir son sang d'un oprobre éternel ;
A ces premiers liens il s'arrache de force,
Et va sacrifier, au plus affreux divorce,
La nature, l'hymen, & l'amour gémissant,
Je serai dénué de tout ce qu'en naissant
Le plus vil des mortels aporte avec la vie,
Malheureux d'être né, je vais porter envie
A tous ceux qui devoient me voir au-dessus d'eux :
J'en deviens le dernier, & le plus malheureux…
Je vous vois attendri ! Je me hâte, j'espére
Que vous ne prenez pas le parti de mon pere.

LE MARQUIS.

Il seroit mal-aisé de le justifier.

D'ARVIANE.

En vous, entiérement je puis donc me fier ?
Je suis trop malheureux pour n'être pas timide.
Dans cette extrémité, je vous prens pour mon guide.

LE MARQUIS.

Moi ?

D'ARVIANE.

Vous-même. A qui donc puis-je mieux m'a-
      dresser ?
Ma confiance, hélas ! doit-elle vous blesser ?
Par bonté, dites-moi ce qu'il faut que je fasse.
Mon pere va bien-tôt combler notre disgrace.

Avant qu'un autre hymen le fépare de nous,
Ne pourrois-je en tremblant, embraffer fes genoux?.
Croyez-vous qu'un refus puniroit mon audace?
Quoi, mon pere?... Ah! Monfieur, mettez-vous à
        ma place,
Supofez un moment que je fois votre fils:
Que feriez-vous? Parlez.
            LE MARQUIS à part.
                    Sçauroit-il qui je fuis?
    [à d'Arviane.]
Je vous offre à jamais l'amitié la plus tendre.
De mes foins les plus doux vous devez tout attendre.
            D'ARVIANE.
Puis-je me contenter d'un vain foulagement?
Cruel! Je ne veux point de dédommagement.
Vous avez dû m'entendre. A quoi fert le myſtére?
Ou laiffez-moi périr, ou rendez moi mon pere.
C'eft moi qui fuis le fruit de vos premiers foupirs.
Songez que ma naiffance a comblé vos defirs;
Du plus grands des malheurs doit-elle être fuivie?
Qu'une feconde fois je vous doive la vie.
Je ne veux en jouir que pour vous honorer;
Je ne veux refpirer que pour vous adorer...
N'ofez-vous voir les pleurs que vous faites répandre?
A tant de fermeté je ne pouvois m'attendre.
Vous me feriez penfer que je me fuis mépris;
Qu'en effet je n'ai point le titre que j'ai pris,
Et que je n'ai fur vous aucun droit à prétendre.
Vous êtes vertueux, & vous feriez plus tendre.
J'ai cru de faux foupçons... Ah! Daignez m'excufer:
Ils étoient trop flâteurs pour ne pas m'abufer.
On m'avoit mal inftruit. Rentrons dans ma mifére.
Avant que de fortir de l'erreur la plus chére,
Et de quitter un nom que j'avois ufurpé,
Vous-même montrez moi que je m'étois trompé:
Vous pouvez m'en donner la preuve la plus fûre;
Je vous ai fait tantôt une affez grande injure;

En rival furieux je me suis égaré ;
Si vous ne m'êtes rien, je n'ai rien réparé.
L'excuse n'a plus lieu. Votre honneur vous engage
A laver dans mon sang un si sensible outrage.
Osez donc me punir, puisque vous le devez,
Vous allez m'arracher Rosalie, achevez,
Prenez aussi ma vie, elle me désespére.
LE MARQUIS.
Malheureux !… Qu'oses-tu proposer à ton pere?
D'ARVIANE.
Ah ! Je renais.
LE MARQUIS.
Que vois-je ? O ciel ! En est-ce assez ?

D 4

SCENE DERNIERE.

MELANIDE , DORISE'E , THEODON , ROSALIE, LE MARQUIS, D'ARVIANE.

MELANIDE.

Vous rapellerez-vous des traits presqu'effacez ?
On veut, avant ma mort, que je vou; importune;
Et je viens, à vos pieds, pleurer notre infortune.
Mon fils, unissons-nous.

> [*Elle va pour se jetter aux pieds du Marquis,*
> *qui l'en empêche.*]

[D'ARVIANE *se jettant aux pieds du Marquis.*
Mon pere !
LE MARQUIS *à Melanide.*
                                        Pardonnez
Au trouble où tous mes sens se font abandonnez.
     [*à part.*]
Que je me sens confus, interdit & coupable ?
MELANIDE.
Vous craignez , je le vois, que je ne vous accable ;
Mais loin de me laisser aigrir par mes malheurs,
Quelque soit le sujet qui fait couler mes pleurs,
Hélas ! je sçais toujours excufer ce que j'aime.
Vous caufez, malgré vous, mon infortune extrême.
Une fi longue abfence , & les bruits de ma mort ,
Ont rendu votre cœur le maitre de fon fort.
Je devois fuccomber. La fortune jaloufe
Dès long-tems auroit dù vous ravir votre époufe ;
Pardonnez fi j'emprunte encore un nom fi doux,
Je céde à l'habitude , elle me vient de vous.

Mais, sans parler de moi, ni de ma destinée,
Je vous remets le fruit du plus tendre hymenée.
J'aurois lieu d'espérer que cet infortuné
Ne démentiroit point le sang dont il est né,
Et qu'il pourroit vous être aussi cher qu'à sa mere.
Daignez donc vous charger de toute sa misére.
Permettez qu'il s'éleve en secret sous vos yeux :
Il n'aura plus que vous . . . Recevez mes adieux.

[*à d'Arviane.*]

Et vous, à vos vertus faites-vous reconnoître.
Me pardonnerez-vous de vous avoir fait naître ?
O, mon fils !

       LE MARQUIS à *Mélanide.*

          N'imputez qu'à ma confusion
Si j'ai paru rester dans l'indécision.
Avez-vous pû me croire assez de barbarie
Pour vous abandonner, vous, que j'ai tant chérie ;
Vous, dont j'ai si long-tems déploré le trépas ;
Vous, en qui je retrouve un cœur & des apas
Dignes d'être adorez de tout ce qui respire ?
Que n'avez-vous plûtôt reclamé vôtre empire ?
Avant que de revoir un objet si touchant,
J'ai cru ne pouvoir vaincre un coupable penchant :
Mais j'éprouve, en sortant de cette erreur extrême,
Qu'en me rendant à vous, je me rends à moi-même.
Mon cœur & mon amour vont se renouveler,
Heureux que vous ayez daigné les rapeler !

    [*en l'embrassant.*]

Quelle félicité m'alloit être ravie !

       MELANIDE.

Je vous retrouve donc !

        D'ARVIANE.

       Cher auteur de ma vie !

       LE MARQUIS.

[*à d'Arviane.*]   [*à Mélanide.*]
Oui, je suis votre pere. Oui, je suis votre époux.

82   M E L A N I D E,
Que l'amour & l'hymen nous réuniffent tous!
   [*à Dorifée.*]
Madame, vous voyez dans quelle douce chaîne,
Auffi-bien que l'amour, mon devoir me raméne!
        D O R I S E' E.
Je ne puis qu'aplaudir & vous féliciter.
J'euffe été la premiére à vous folliciter...
      LE MARQUIS *à Dorifée.*
Pourriez-vous détourner votre choix fur un autre,
Et fouffrir que mon fils devint auffi le vôtre?
Nous ferions tous heureux.
       D O R I S E' E.
          J'accepte cet honneur.
     LE MARQUIS *à Mélanide.*
Ne confentez-vous pas de même à leur bonheur?
      M E L A N I D E.
        [*embraffant Rofalie.*]
Qui, moi? Si j'y confens! Oui, vous ferez ma fille.
      LE MARQUIS.
Ne faifons déformais qu'une même famille.
O Ciel! Tu me fais voir, en comblant tous mes vœux,
Que le devoir n'eft fait que pour nous rendre heu-
   reux.

        F I N.

AMOUR
POUR AMOUR,

COMEDIE

En trois Actes, en Vers,

AVEC UN PROLOGUE.

Si qu'un Bouquet donné d'amour profonde,
C'étoit donné toute la Terre ronde. Marot.

ACTEURS DU PROLOGUE.

L'AUTEUR.

UN AMI de l'Auteur.

UN JEUNE SOT.

DAMIS.

La Scène est sur le Théatre.

PROLOGUE.

SCENE PREMIERE.

L'AUTEUR, L'AMI DE L'AUTEUR.

L' A M I.

M A foi, pour un Auteur, c'est avoir du
courage.
Que de venir ainsi faire tête à l'orage.
L' A U T E U R.
On n'a que des soupçons, qui seront dissipez
Si-tôt qu'on me verra si fort en évidence:
Comptez que les plus fins y seront attrapés.
D'ailleurs, je veux sçavoir au vrai ce que l'on pense;
M'entendre, sans détour, juger de vive voix;
Peser le bien, le mal, la louange, le blâme;
Récapituler tout dans le fond de mon ame,
Et recueillir de quoi mieux faire une autre fois.
L' A M I.
Ma foi, l'intention est très-bonne, sans doute:
Mais l'exécution ?....
L' A U T E U R.
Je sçais ce qu'elle coûte.

L'A M I.

Vous êtes inquiet :

L'A U T E U R.

         Où peut-il s'être mis ?

L'A M I.

Qui cherchez-vous de l'œil ?

L'A U T E U R.

         Je ne vois point Damis.

L'A M I.

Il ne manque jamais, une Piéce nouvelle.

L'A U T E U R.

Oh ! je ne doute pas qu'il ne vienne aujourd'hui.
Il sçait bien que ce jour est un grand jour pour
     lui ;
Et que plus d'un Bureau d'esprit mâle & femelle,
De ses décisions Echo toujours fidelle,
Attend ce qu'il dira pour se déterminer,
Pour juger comme lui, sans rien examiner.

L'A M I.

Sa Sentence, je crois, n'est pas toujours mortelle.

L'A U T E U R.

Mais il est clef de meute ; on le suit au hazard ;
Et malheur aux Auteurs ; du moins à la plûpart
       Il est, & fut toujours en bute :
C'est un homme excellent pour hâter une chute.

L'A M I.

Le beau talent !

L'A U T E U R.

       Aussi l'a-t'il, jusqu'à ce jour,
Exercé, sans quartier, sur les Piéces qu'on donne.

L'A M I.

Il est bien attrapé, quand une Piéce est bonne.

L'A U T E U R.

Un Auteur qui fait bien, lui joue un mauvais tour.

L'A M I.

Pourquoi donc ?

L'AUTEUR.

Ah, pourquoi ? Quand une Comédie
Eſt, par malheur pour lui, juſtement aplaudie,
Que diable voulez-vous qu'il en diſe ?

L'AMI.

Du bien.

L'AUTEUR.

Eh, ne voyez-vous pas qu'il iroit trop du ſien ?
Il croiroit déroger, en donnant ſon ſuffrage.

L'AMI.

Déroger ! Et comment ?

L'AUTEUR.

En louant un Ouvrage.

L'AMI.

Mais il faut être fou pour ſe l'imaginer.

L'AUTEUR.

En matiére d'eſprit, on ne veut point de Maître.
Sur les gens du métier on aime à dominer.
On s'érige en Juge, on veut l'être.
On ſe met au-deſſous de ceux qu'on aplaudit :
Au lieu, qu'en ſe rendant difficile & cauſtique,
On ſe met au-deſſous de ceux que l'on critique.
Outre que l'amour propre y fait mieux ſon profit,
Le rôle de Cenſeur a bien plus de reſſource.
La louange eſt ſi ſeche, elle produit ſi peu !
Mais la Critique abonde ; elle coule de ſource,
Anime le génie, & lui donne du jeu :
Le rend vif, pétillant, ironique, fertile ;
Lui fournit des bons mots qui, trotant par la Ville,
Font citer leur Auteur, & penſer comme lui.
On ne brille jamais mieux qu'aux dépens d'autrui.

L'AMI.

Cela pourroit bien être.

L'AUTEUR.

Ah ! Vous pouvez m'en croire.

L'AMI.

Ma foi, ſerviteur à la gloire,

Sans être cependant aveugle admirateur ,
Pour moi, j'embrasserois l'honnête-homme d'Auteur
Qui me régaleroit d'un excellent Ouvrage ,
Je lui donne du moins hautement mon suffrage ;
J'aplaudis franchement sans en être fâché.
Sans regretter l'encens que je donne en échange :
Parbleu , c'est du plaisir que je paye en louange
Et je pense que c'est l'avoir à bon marché.

L' A U T E U R.

Je suis de votre avis... Mais qui vois-je paroître ?
De grace dites-moi quel est ce nouvel Estre.

L' A M I.

Et qui donc ?

L' A U T E U R.

Cet Adolescent
Que l'on voit depuis peu , comme un Astre naissant ;
Commencer sa carriére , & *parfumer* le monde
De l'ambre qu'il exhale une lieue à la ronde.
Eh ! le voici lui-même avec tout son éclat ,
Qui sort de la coulisse , armé de sa lorgnette.

L' A M I.

La définition en sera bientôt faite.
Ce n'est qu'un jeune Sot qui voudroit être un fat.
Ah ! le voici qui nous regarde.
Il va nous aborder si nous n'y prenons prenons garde.
Tâchons de l'éviter.

SCENE II.

LE JEUNE SOT, L'AUTEUR, L'AMI.

LE JEUNE SOT.

OU diable courez-vous ?

L'AMI.
Nous allons nous placer.

LE SOT.
Parbleu, vous êtes fous.

L'AMI.
Pourquoi ?

LE SOT.
Dans un moment vous ferez à votre aife.
Prétendez-vous refter ?

L'AMI.
Si vous le trouvez bon.

LE SOT.
Reftez ; amufez-vous beaucoup.

L'AMI.
Et pourquoi non ?

LE SOT.
Vous ne fçavez donc pas ?....

L'AUTEUR.
Que la Piéce eft mauvaife ;

LE SOT.
Fiez-vous à l'Affiche ! On va faire un beau bruit.

L'AMI.
Qu'eft-il donc arrivé? Peut-on en être inftruit ?

L E S O T.

Point de Piéce nouvelle : oüi , vous dis-je , elle est
    nulle ;
On ne la donne point. Rien n'est plus ridicule.

L' A M I.

Mais le sçavez-vous bien ?

L E S O T.

       Attendez un moment.
    Suivant toutes les aparences,
L'orateur de la troupe , après trois révérences,
    Vous va faire un sot compliment ;
Et puis, du Bajazet , tant qu'il pourra s'étendre ,
Que vous serez priés très-humblement d'entendre.
A votre avis, le tour vous paroît-il galant ?
Du Bajazet ! ma foi rien n'est plus régalant !
Qu'en dites-vous ? Parlez , je veux voir la déroute.

L' A M I.

Ce que vous m'aprenez , m'étonne.

L' A U T H U R.

       Et moi, j'en doute.

L E S O T.

J'ai vû dans les foyers les Acteurs en Turban,
    Les Actrices en Doliman.
Repliquez. Vous riez ?

L' A M I.

       Je n'ai point de replique.

L E S O T.

Peut-être les Acteurs , en ce moment critique ,
Un peu mieux avisés, ont craint un mauvais sort.
      Mais n'importe ; la Troupe a tort.
Une Piéce nouvelle est toujours assez bonne.
Les vieilles à present n'amusent plus personne,

L' A M I.

Et celle qu'on devoit aujourd'hui nous donner,
Vous est-elle connue ?

L E S O T.

      On m'en a fait l'histoire.

L' A M I.

Eh bien ?

L E S O T.

Je n'en ai pas furchargé mémoire.

L' A U T E U R.

Ce que nous dit Monfieur, a dequoi m'étonner ;
Car l'Auteur ne lit guere, autant qu'on m'a pu dire.

L E S O T.

J'avois pourtant promis de me la laiffer lire.
La Lecture devoit s'en faire un certain jour,
(Lecture d'amitié s'entend) j'en devois être.
Juftement j'eus à faire un voyage à la Cour.
On remit la partie.

L' A U T E U R *à part.*

Ah , le Sot petit-Maître.

L' A M I.

Mais à votre retour on fçut mieux ménager...

L E S O T.

Les femmes , à leur tour , ne purent s'arranger.
Tenez , la Piéce eft malheureufe.
Cette fatalité , qui la pourfuit ici ,
A fait qu'aucun projet ne nous a réuffi.
L'Auteur, je crois, m'en garde une rancune affreufe;

L' A M I.

Comment ?

L E S O T.

C'eft qu'il comptoit un peu fur mes avis.

L' A M I.

Ah ! je n'y penfois pas.

L' A U T E U R.

Il les auroit fuivis.

L E S O T.

Peut-être : mais du moins , il me l'a fait accroire.

L' A M I.

Vous vous intéreffez fortement à fa gloire ?

L E S O T.

Oh ! beaucoup. Il peut s'en flatter.

L' A M I.

Vous le connoiffez ?

L E S O T.

Fort.

L' A U T E U R *à part.*

Oh ! je vais éclater.

L' A M I.

Il eft de vos amis ?

L E S O T.

On ne peut davantage.

L' A U T E U R.

Cet aveu m'eft bien cher ; je vous fuis obligé.

L E S O T.

Dequoi ?

L' A M I.

C'eft que Monfieur eft votre protégé.

L' A U T E U R.

Ah ! J'ignorois que 'euffe un fi grand avantage.
Du jour qu'il vous plaira , nous n'aurons qu'à dater.
Soyez toujours pour moi, Monfieur, ce que vous êtes.

L' A M I.

[*à part.*]
Oui , C'eft à dire un Sot.

L E S O T *faluant.*

Monfieur....

L' A U T E U R.

Ce font des dettes.
Que ma reconnoiffance aura foin d'acquitter.

L E S O T.

Je connois tant d'Auteurs , que j'ai cru vous con-
noitre.
D'ailleurs, je fuis ravi....

L' A U T E U R.

Non : c'eft moi qui dois l'être.

L E S O T.

Meffieurs , je vous falue.

L' A M I.
Adieu donc.

LE SOT *de loin.*

Serviteur.

***

SCENE III.

L' A U T E U R , L' A M I.

L' A M I.

N Etes-vous pas charmé de cette connoiſſance ?
Vous venez d'acquérir un nouveau protecteur.

L' A U T E U R.

N'ai-je point trop bleſſé ſa ſotte ſuffiſance.

L' A M I.

Il peut être fâché ; mais non pas affligé.
Comptez qu'il eſt puni , ſans être corrigé.
Mais Damis vient. Il a quelque choſe à nous dire,
Tenez-vous bien.

L' A U T E U R.

Pourquoi ?

L' A M I.

Votre procès eſt fait.
Ne le croyez-vous pas à ſon air ſatisfait !

SCENE IV.

D A M I S *riant.* L'AUTEUR ; L'AMI.

L' A M I.

PEut-on rire avec vous de ce qui vous fait rire ?

D A M I S.

Je ris de la détresse & de l'épuisement
De ceux qui font chargés de notre amusement :
    Où nos faiseurs de Comédies
Vont-ils presentement chercher leurs rapfodies ?
Il est bien fingulier que les Auteurs du tems
Ne puiffent rien tirer de la fource publique !
Et que, pour leur fournir une Piéce Comique,
Il faille un autre monde, & d'autres habitans !
Ah ! Bien-tôt ils iront fe pourvoir dans la Lune ;
Oui, les Auteurs iront....

L' A M I.

        C'est la même rancune
Que vous gardez toujours contre ces pauvres gens !

D A M I S.

Point du tout ; je fuis jufte, & des plus indulgens,
Et j'éclate, à regret, contre leur ignorance.
Ne fournifions-nous plus à rire à nos dépens ?
Eft-ce que le bon fens a fait fortune en France ?
Et les Originaux y font-ils moins fréquens ?
A la Ville, à la Cour, l'efpéce manque-t'elle ?
Il me femble pourtant que la moiffon eft belle ;
Et que, fans en taxer directement aucun,
Il en eft parmi nous, plus de cent, au lieu d'un,
    Dont les Miniftres de Thalie
Peuvent avec fuccès célébrer la folie.

L' A M I.

Que n'êtes-vous Auteur ?

D A M I S.

Vous vous mocquez de moi.

L' A M I.

J'en ferois bien fâché. Mais à propos de quoi,
Où va cette tirade ? elle est pourtant fort belle.

D A M I S.

Parbleu, c'est à propos de la Piéce nouvelle.

L' A M I.

On vous l'a lue aparemment ?

D A M I S.

Non : mais dans les Foyers une petite amie
M'en a fait à l'inftant toute l'anatomie.

L' A M I.

C'eft une Actrice, ah bon ! Suivant fon fentiment
Cela ne vaut donc rien ?

D A M I S.

C'eft affez fon idée :
Mais ce n'eft pas par où l'affaire eft décidée :
Car on peut apeller de ces jugemens-là ;
D'autant plus, que pour l'ordinaire,
Une Actrice ne voit que le rôle qu'elle a.
S'il n'a pas l'honneur de lui plaire,
Sur le refte, auffi-tôt, elle étend fon arrêt.

L' A M I.

Et vous, fur fon raport, qu'eft-ce qui vous déplaît ?
D'abord le titre eft bon.

D A M I S.

Oui, s'il tient fa promeffe.
C'eft ce qu'on ne voit point pour la plùpart du
tems ;
Et je ne crois non plus au titre d'une Piéce
Qu'aux Affiches des Charlatans.

L' A M I.

Celle-ci, felon vous, ne peut qu'être mauvaife ?

DAMIS.

Très-mauvaise.

L'AMI.

Voyons.

DAMIS.

C'est que, par parenthèse,
La fable en est absurde.

L'AUTEUR *à part.*

Ah! Ceci me confond.

DAMIS.

Oui, bizarre, apocriphe, étrange, imaginaire.

L'AUTEUR.

Elle peut n'être pas dans la forme ordinaire.

DAMIS.

Soyez sûr que la forme emportera le fond.
Voici d'abord sur quoi ma critique s'exerce.
Le lieu de la Scène est en Perse.
Les personnages sont des François déguisez;
Ou, si vous l'aimez mieux, des Persans francisez;
Dont l'habit & le nom, suivant toute aparence,
Feront entre eux & nous la seule différence:
Car l'Auteur aura fait comme les autres font.
Sans doute il n'a pas pris la peine
De nous représenter des Persans tels qu'ils sont.

L'AUTEUR.

Ose-t'on aujourd'hui dépaïser la Scène?
L'Auteur en connoît le danger.
Imputez-en la faute....

DAMIS.

A qui donc?

L'AUTEUR.

A vous autres;
Qui ne suportez rien qui vous soit étranger,
Et qui n'admettez plus d'autres mœurs que les vôtres.
Eh! Comment varier vos plaisirs en ces lieux?
Renfermez dans la sphére où le sort vous fit naître,
Vous bornez la nature à votre façon d'être.

Tour

Tout ce qui n'eſt point vous , eſt abſurde à vos yeux.
Vous ne reconnoiſſez aucune autre maniére
De parler , de penſer , & même d'exiſter ,
Que celle qui vous eſt propre & particuliére.
Que faire ? L'on a beau reclamer , inſiſter ;
Vous ne voulez plus voir , que vous , ſur vos Théà-
    tres ,
Ou de vos préjugés ſoyez moins idolâtres ,
Ou ſouffrez , puiſqu'on cherche à combler vos deſirs ,
Que l'uniformité régne dans vos plaiſirs.

DAMIS.

Vous êtes du métier , Monſieur , à vous entendre.

L'AUTEUR.

Et vraiment cui , pour mes péchez.

DAMIS.

Ie ne ſçais pas pourquoi vous vous le reprochez :
Mais aurez- vous auſſi la bonté de défendre
Une autre abſurdité ?

L'AUTEUR.

Voyons-la , j'y conſens ,

DAMIS.

L'Auteur a cru faire un chef-d'œuvre ,
En mettant la Féerie en œuvre.

L'AUTEUR.

C'eſt une nouveauté.

DAMIS.

Qui n'a pas le bon ſens.
Comment ! Du merveilleux & de l'imaginaire
Dans un tableau des mœurs , où tout doit être vrai,
Dans un portrait naïf de la vie ordinaire ,
Dans une Comédie ; enfin ?

L'AUTEUR.

C'eſt un eſſai ,

DAMIS.

Qui tombera d'abord ; comptez ſur ma parole.

L'AMI.

Il peut plaire.
Tome II.

DAMIS.

Jamais. Le genre est trop frivole,

L'AMI.

Mais on s'y prête ailleurs.

DAMIS.

Oui, dans un conte bleu,
Ou sur le Théâtre Lyrique :
On veut bien souffrir là, que tout soit chimérique :
Mais à la Comédie, il n'en est pas ainsi.

L'AUTEUR.

N'est-ce pas le plaisir que vous cherchez ici ?

DAMIS.

Oui : mais on veut qu'il soit d'une certaine espére.
Si-tôt qu'il extravague, il nous choque, il nous
          blesse.
Il a son caractére, il a son genre à part,
Prescrits dans tous les tems par les régles de l'Art.

L'AUTEUR.

Comment, vous prétendez lui donner des entraves,
Mais le connoissez-vous, le plaisir ?

DAMIS.

Je crois qu'oui.

L'AUTEUR.

Vous y gagnerez plus en dépendant de lui.
Loin d'être ses tyrans, devenez ses esclaves.
Ennemi d'un joug rigoureux,
Si-tôt qu'il n'est plus libre, il devient l'ennui même.
Renoncez au plaisir, ou changez de systême.
Quand il cherche à vous rendre heureux,
Cessez de lui prescrire une trille formule.
Les moyens qu'il fait sont toujours les meilleurs :
Quelque forme qu'il prenne, ici tout comme ail-
          leurs,
Croyez que le plaisir n'est jamais ridicule.
Son nom le définit. Dès qu'il est, c'est assez.
Les régles n'y font rien. Il est au-dessus d'elles.
Quand à nous, ne soyons jamais embarrassez.

Que de le prefenter fous des formes nouvelles,
        C'eft à nous autres d'en trouvér ;
        C'eft à vous de les aprouver.

L' A M I.

Eh mais ! il a raifon : que diable ! au bout du
    compte ,
Nous ne devons ici profcrire que l'ennui.

D A M I S.

S'il eft vrai, craignez donc la Piéce d'aujourd'hui.

L' A M I.

Elle peut réuffir.

D A M I S.

        L'épreuve en feroit prompte.

L' A M I.

Je me préviens pour elle.

D A M I S.

        Ah ! je m'en réjouis.
    Pour moi , je fuis prévenu contre.

L' A M I.

Eftes-vous toujours jufte en pareille rencontre ?

D A M I S.

Seriez-vous curieux de perdre cent Louis ?

L' A M I.

Gagez contre Monfieur.

D' A M I S.

            Il en eft bien le maitre,

L' A U T E U R *à part.*

Je ne rifque déja que trop.

L' A M I.

        Cela peut être.

L' A U T E U R *à Damis.*

Et combien mettrez-vous ?

D A M I S.

            Autant.

L' A U T E U R.

            Ah ! c'eft trop peu.
Quand il s'agit du fort d'une Piéce nouvelle ,

On a tant d'avantage a parier contre elle,
Qu'on ne peut mettre moins de dix contre un au jeu.
Pour qu'elle réuſſiſſe il faut preſque un miracle.
Mais la Toile ſe léve.

DAMIS.

Adieu, Meſſieurs, adieu.
Je m'en vais me placer.

L'AMI.

Vous vous troublez ?

L'AUTEUR.

Morbleu,
Son préjugé pourroit devenir un oracle.

Fin du Prologue.

A ZEMIRE.*

O TOI qui m'as prêté tes talens enchanteurs,
Assemblage parfait des dons les plus flat-
teurs,
Eléve & modèle de Graces :
Aimable & cher objet, que Thalie & ses sœurs
Ne peuvent couronner que de ces mêmes fleurs
Que tu fais naître sur tes traces.
Si je n'ai point encore essuyé de revers ;
Je n'en dois, qu'à toi seule, un éternel hommage ;
Tes charmes & ta voix font l'ame de mes vers.
Mais, que dis-je, ils font ton ouvrage,
Qui les inspira, les a faits ;
Qu'ils te soient consacrez par la reconnoissance.
Tes yeux n'ont rien laissé de plus en ma puissance,
Et je ne puis t'offrir que tes propres bienfaits.

* *Mademoiselle* GOSSIN.

ACTEURS.

UNE FE'E, sous le nom d'ASSAN, Prince Persan.

AZOR, Génie, Amant de Zémire.

ZALEG, Génie, Amant de Nadine.

ZEMIRE.

NADINE.

Troupe d'Habitans & d'Habitantes.

La Scène est dans un Hameau voisin de Bagdat.

AMOUR
POUR AMOUR,
COMEDIE.

ACTE PREMIER.

SCÉNE PREMIERE.

AZOR, ZALEG.

AZOR.

JE sors d'avec Nadine ; & cet Objet charmant
T'aura communiqué son aimable enjoûment :
Car on prend volontiers l'humeur de ce qu'on aime ;
N'est-il pas vrai, Zaleg ;

ZALEG.

Je ris d'un stratagême ?

Dont je vais eſſayer le ſuccès en ce jour.
Mais à quoi me ſert-il d'être heureux en amour ?

AZOR.

Comment donc ?

ZALEG.

Si la Fée eût eu la moindre envie
De nous laiſſer revoir un jour notre Patrie,
Dès long-tems ſa promeſſe auroit eu ſon effet.

AZOR.

Tu murmures ?

ZALEG.

J'ai tort !

AZOR.

Sans doute.

ZALEG.

Tout-à-fait !
Pour des êtres tels que nous ſommes,
Il eſt fort amuſant de vivre avec des Hommes ;
Pour peu qu'on les connoiſſe, on en eſt bien tôt las.
Notre exil eut d'abord pour moi quelques apas ;
Et je regrettai moins le ſéjour des Génies.
A tout prendre, il eſt vrai, que chez le genre
  humain,
On peut rencontrer ſous la main
Des Mortelles aſſez jolies ;
Et que parmi l'eſpèce, il ſe trouve des cœurs,
Dont il nous feroit doux de nous rendre vainqueurs
Mais tout ce que l'on en peut dire,
Eſt que la Terre a ſes plaiſirs
Hé comment pourroient ils remplir tous nos deſirs.
Puiſqu'à ceux des Mortels ils ne peuvent ſuffire ?

AZOR.

Tu n'as donc plus d'eſpoir.

ZALEG.

Ma foi, je n'en ai plus ;

AZOR.

Va, nous verrons finir notre métamorphoſe.

Tu ſçais la loi qu'on nous impoſe
Pour rentrer dans les droits dont nous ſommes déchus.
ZALEG.
Oui, ſous cette figure aſſez hétéroclite,
Je ſçais qu'il faut nous faire aimer
D'un objet qui ſoit jeune, & digne de charmer :
C'eſt la condition que l'on nous a preſcrite ;
Nous avons ſatisfait à tout exactement.
AZOR.
Il faut croire que non.
ZALEG.
Comment ?
N'avons-nous pas rempli cette clauſe importune ?
AZOR.
J'en doute.
ZALEG.
Ah ! c'eſt à quoi je ne m'attendois pas.
Quelque part où le ſort ait promené nos pas,
Quoi ! N'avons-nous pas fait vingt conquêtes pour
    une ?
Cependant nous voilà, tout comme au premier
    jour,
Habitans enchaînez dans ce maudit ſéjour :
Et la clauſe a pourtant été bien accomplie.
AZOR.
Pour obtenir notre retour,
Il falloit inſpirer un véritable amour :
Cette condition n'a pas été remplie.
ZALEG.
En voici bien d'une autre ! Hé, qu'avons-nous donc
    fait ?
AZOR.
Nous n'avons inſpiré qu'un goût foible & volage,
Et l'on n'a pris, pour nous, qu'un amour de paſſage.
ZALEG.
Ma foi, je n'en crois rien : je ſuis ſûr de mon fait.
J'ai plû, je me ſuis fait aimer.

E 5

AZOR.

En aparence.

ZALEG.

Et mais, on me l'a dit cent fois.

AZOR.

Vaine assurance.

ZALEG.

Vous me poussez à bout..... Parbleu j'en suis
    charmé ;
Vous verrez qu'on peut être heureux sans être aimé.

AZOR.

Le véritable Amour n'est plus guére en usage.

ZALEG.

Vous rafinez sur tout... Pour moi, je suis plus sage.
Nous serions, selon vous, pour jamais en exil,
Puisqu'on ne peut trouver de cet amour sincére !
Mais où se tient-il donc ? C'est donc une chimére !
Et vous, Seigneur Azor, dites moi, se peut-il
Qu'on n'ait point eu pour vous un amour véritable ?

AZOR.

Ah ! rien n'est plus indubitable.
Mais laissons le passé, songeons presentement...

ZALEG.

Croyez que le present n'ira pas autrement.

AZOR.

Et pourquoi donc ? Nadine, & l'aimable Zémire,
Sont capables d'aimer bien véritablement.

ZALEG.

On se flâte toujours de ce que l'on desire.
    Aussi, que n'avez-vous aimé
Cette Fée, à present infléxible & cruelle,
Dont le cœur fut pour vous vainement enflammé ?
C'est notre Souveraine. Elle étoit assez belle.
Elle ne nous eut pas envoyez ici-bas,
Pour chercher en amour qui ne s'y trouve pas.
Car, sur quoi fondez-vous un espoir qui m'étonne ?
Si la Fée eût voulu nous laisser nos attraits,

Paſſe encor : mais Seigneur, nous paroiſſons tous
   prêts
D'entrer dans la ſaiſon qui précède l'Automne.

A Z O R.

Depuis que, ſous ces traits, nous ſommes déguiſez,
Ont-ils changé ?

Z A L E G.

   Non : mais nos tréſors épuiſez....

A Z O R.

En avons-nous beſoin auprès de nos maîtreſſes ?
Ce ne ſont, à leurs yeux, que de fauſſes richeſſes.

Z A L E G.

L'amour le plus honnête en conſomme toujours.
Il vous eſt défendu de dire qui vous êtes.
Et vous ne pouvez faire entrer dans vos fleurettes
Tous ces mots conſacrez aux plus tendres amours :
Ceux *d'aimer*, *d'adorer*, *de flâme*, *de tendreſſe*,
Ne vous ſont pas permis. La défenſe eſt expreſſe.
Vous en êtes réduit aux ſoins officieux,
Aux aſſiduitez, au langage des yeux,
   Aux marques d'amitié.

A Z O R.

Que faire ?

Z A L E G.

Quand on donne, on n'a pas beſoin de commentaire.
Et pour vous achever, vous avez un Rival,
Qui ne s'en tien dra pas à l'amour paſtoral.
Ses grands airs, ſes grands mots, ſon rang, ſon opu-
   lence,
   Doivent emporter la balance.
Qu'avez-vous à pouvoir mettre en comparaiſon ?
De l'eſprit, du ſçavoir, du ſens, de la raiſon,
Et le reſte ; Seigneur, tout cela mis en ſomme
Fait tout juſte en amour zero, je le ſçais bien.

A Z O R.

Mais Aſſan n'eſt qu'un fat.

E 6

ZALEC.

Et morbleu, n'est-ce rien ?
Pour l'ordinaire, un fat suplante un honnête hom-
me.
C'est l'ordre. Attendez-vous à jouer de malheur.

AZOR.

Ah ! Zémire, Zémire, aurois-je la douleur
De vous voir devenir son heureuse conquête ?

ZALEG.

Il a tout ce qu'il faut pour lui tourner la tête.
Zémire aura le fort que tant d'autres ont eu.

AZOR.

Ne la compare point à tout ce que j'ai vû.
Toute comparaison seroit injurieuse.

ZALEG.

Je m'attendois à ce discours ;
Car, en fait de maitresse, il arrive toujours
Qu'on croit que la dernière est la plus merveilleuse.

AZOR.

Ah, quelle différence ! Et que j'ai de raisons
Pour excepter Zémire, & pour mieux juger d'elle !
A cet âge, ou l'on croit qu'il suffit d'être belle,
Zémire croit avoir besoin de mes leçons.
Que dis-je ? Elle en connoit le prix.
Loin de lasser sa complaisance,
Mes conseils sont reçus avec reconnoissance.
Les progrès que j'ai faits, ne m'ont pas moins surpris
Que le fonds de son cœur & de son caractère.
Non, Zaleg, les soins assidus
Que je prends tous les jours d'une eleve si chére,
Pour Zémire & pour moi ne seront point perdus.

ZALEG.

Et ne voit-elle rien à travers ce mystère ?

AZOR.

Hélas ! je n'en sçais rien. Mais indépendamment
De l'ordre rigoureux qui me force à me taire,
Je n'aurois pas voulu me conduire autrement.

Je crois que le plus fûr eft de chercher à plaire,
D'aimer, avant que d'être un Amant déclaré.
Un aveu bien fouvent ne devient téméraire
    Que faute d'être préparé.
C'eft ainfi que mes foins, agréez par Zémire,
La ménent pas-à-pas vers l'amoureux empire ;
Elle s'attache à moi, fans s'en apercevoir.
    Elle s'accoutume à m'entendre ;
La fincere amitié qu'elle me laiffe voir,
Se changera bien-tôt en amour le plus tendre :
Ce moment n'eft pas loin ; il viendra ; je l'attends.

ZALEG.

Ce moment pourroit bien n'arriver de long-tems.
Supofez que Zémire, à qui vous pourriez plaire,
Ait pour vous cet amour qui vous eft néceffaire ;
S'il demeure fecret, il vous fervira peu.
    Il faut qu'elle en faffe l'aveu,
De façon que la Fée en foit bien convaincue :
Autrement, marché nul, & l'affaire eft rompue.
    Il faut qu'avec fincérité,
    Et fans aucune obfcurité,
    Zémire dife d'elle-même ;
    J'aime Azor ; c'eft Azor que j'aime.
Ce font les mots preferits.

AZOR.

            Hélas ! je le fçais bien.

ZALEG.

Tous les équivalens ne ferviroient à rien.

AZOR.

Zémire les dira.

ZALEG.

        La chimére eft nouvelle !
Elle ne les fçait pas ; comment les dira-t'elle ?

AZOR.

Comment ?

ZALEG.

        Oui ; répondez à cette objection.

A Z O R.

La nature & l'amour les lui pourront aprendre.

Z A L E G.

Ah, Seigneur ! c'eſt fort bien le prendre.
En admettant la ſupoſition,
Pourra-t'elle, avec vous, en faire aucun uſage,
Que vous ne vous ſoyez déclaré ſon Amant ;
Que vous n'ayez parlé, comme on parle en aimant !
Préviendra-t'elle votre hommage !
Quand vous en ſeriez adoré,
Ira-t'elle au-devant d'un amour ignoré ?
Elle doit vous laiſſer venir, & vous attendre.
Et vous attendrez tous deux.

A Z O R.

Ainſi le veut la Fée.

Z A L E G.

Ah ! je crois mieux l'entendre.
Je compte, en dépit d'elle, être bien-tôt heureux.
Sans craindre qu'elle s'en offenſe,
J'ai trouvé le ſecret d'éluder ſa défenſe.
Nadine va ſçavoir, à n'en pouvoir douter,
Que je l'aime.

A Z O R.

Tu ſçais ce qui peut t'en coûter.

Z A L E G.

Ne craignez rien pour moi. J'ai chargé du Meſſage
Certains jeunes oiſeaux dreſſez pour cet uſage.
Nadine, avant la fin du jour,
Aura bien entendu parler de mon amour.

A Z O R.

Va donc, & réuſſis.

Z A L E G.

Je n'en ſuis pas en peine.

A Z O R.

Adieu.

SCENE II.

AZOR *seul.*

Voici l'heure à peu près :
Voyons dans la route prochaine
Si Zémire n'est point sous ces ombrages frais.

SCENE III.

ZEMIRE, NADINE.

NADINE.

Ne ferions-nous pas mieux d'être avec nos com-
      pagnes,
A folâtrer ensemble au milieu des campagnes ?
ZEMIRE.
Ces prétendus plaisirs ne flattent plus mes sens.
NADINE.
En trouvez-vous ici de plus intéressans ?
Et peut on préférer ces bois à nos prairies ?
Je voudrois égayer un peu mes rêveries.
Pour moi j'irois plûtôt au bord de nos ruisseaux :
On entend leur murmure . on voit couler leurs eaux;
Assise sur les fleurs qu'ils font sans cesse éclore ;
On en cueille ; on s'en pare . on s'embellit encore ;
     On y respire un air délicieux,
Qui donne à nos attraits une fraicheur nouvelle :
Leur onde claire & pure est un miroir fidelle ;

On peut avec plaifir y promener fes yeux ;
   Le Ciel s'y peint, & l'on s'y voit foi-même.
        Z E M I R E.
Ces amufemens-là ne font plus ceux que j'aime.
Tu vois comme l'on change !
        N A D I N E.
           Oui, fans fçavoir pourquoi.
Ne l'éprouvai-je pas moi-même ? expliquez-moi,
Pourquoi, de jour en jour, je deviens fi joyeufe.
Souvenez-vous du tems, où vous difiez très-bien
Qu'une fille ennuyée eft toujours ennuyeufe.
Je l'étois ; ou piûtôt je n'étois bonne à rien :
Mais nous avons troqué d'humeur l'un avec l'autre ;
Vous avez pris la mienne ; & moi, j'ai pris la vôtre :
Je crois, en bonne-foi, vous devoir du retour.
        Z E M I R E.
    Peut-être.
        N A D I N E.
          Ah ! rien n'eft plus vifible ,
Eh quoi ! Tous vos plaifirs s'envolent chaque jour.
        Z E M I R E.
D'autres ont fuccédé.
        N A D I N E.
          Cela n'eft pas poffible !
Et quels font ces plaifirs ?
        Z E M I R E.
          Ce font ceux que le tems,
L'âge, avec la raifon, aménent chaque année.
        N A D I N E.
Ah, ah, vous parlez d'âge ! A peine êtes-vous née.
        Z E M I R E.
Hé quoi donc ? Dans quatre ans n'aurai-je pas vingt
   ans ?
        N A D I N E.
Et mais, un jour viendra que nous en aurons trente.
D'ici-là, c'eft un fiécle. On n'en voit pas la fin.
Cependant, profitons de la faifon courante.

Dans les plaisirs du tems coulons notre destin.
Nous ferons comme ont fait nos méres, nos parentes,
D'ailleurs, chaque saison a des fleurs différentes;
Chaque âge doit avoir ses plaisirs; au surplus....
     Z E M I R E.
Tout me donne à rêver ;
     N A D I N E.
        Et moi tout me dissipe.
     Z E M I R E.
Je me forme l'esprit.
     N A D I N E.
      Et moi je m'émancipe.
     Z E M I R E.
J'occupe mes loisirs.
     N A D I N E.
      Pour moi, je n'en ai plus.
     Z E M I R E.
Tandis que je le puis, j'amasse, je rassemble
De quoi me faire un fond heureux & suffisaat
Pour un tems à venir :
     N A D I N E.
      Vous perdez le présent
   Qui vaut tout l'avenir ensemble.
On ne rajeunit pas.
     Z E M I R E.
    Hé qu'importe ?
     N A D I N E.
        Fort bien.
     Z E M I R E.
Ah ! de grace, finis ce fâcheux entretien.
     N A D I N E.
Vous ne méritez pas, d'être à l'âge où vous êtes,
Ni même les faveurs que le ciel vous a faites.
    Peut-on s'en soucier si peu !
Ce que parmi les fleurs est la rose nouvelle,
Vous l'êtes parmi nous ; & d'un commun aveu,
Nous vous cédons l'honneur d'en être la plus belle ;

Encor faut-il y prendre un peu de part !
Quelque riche qu'on soit des dons de la nature,
Il ne faut pas laisser que d'y joindre un peu d'art,
La beauté même a besoin de parure.
Pardonnez ma franchise, & sçachez votre état ;
Déja cette langueur qui vous est étrangére,
A fait sur vos apas une trace legére :
Et l'ennui qui vous gagne altére votre éclat.

Z E M I R E.

Je suis donc bien changée ?

N A D I N E.

Eh mais, un peu, vous dis-je :
Si vous n'y mettez ordre . . .

Z E M I R E.

Hélas !

N A D I N E.

Vous soupirez !

Z E M I R E.

Il est vrai.

N A D I N E.

Qu'avez vous ? Quel sujet vous afflige ?
Zémire, est-ce-là tout ce que vous me direz ?

Z E M I R E.

Tu m'en demandes plus que je n'en sçais encore.

N A D I N E.

Le mystére entre nous n'est pas trop de saison.

Z E M I R E.

Puis-je expliquer ce que j'ignore ?

N A D I N E.

Hé quoi, vous prétendez que c'est à la raison
Qu'il faut attribuer votre métamorphose ?

Z E M I R E.

Je l'ai cru.

N A D I N E.

Mais il faut qu'elle ait une autre cause.

Z E M I R E.

Une autre cause ?

NADINE.

Affurément.
C'étoit votre penfée ; & moi , voici la mienne.
Lorfque la raifon vient(puifqu'il faut qu'elle vienne)
Peut-elle en même-tems, & fi différemment,
Changer, comme elle a fait, mon humeur & la vôtre;
Egayer l'une , attrifter l'autre ?
Elle doit opérer de la même façon.

ZEMIRE.

Mais effectivement j'en ai quelque foupçon.

NADINE.

Avouez-moi d'où vient votre langueur extrême.
Qu'eft ce donc qui fe paffe au-dedans de vous-même?

ZEMIRE.

Avec étonnement je regarde ces lieux.
Hélas ! depuis un tems que fuis-je devenue ,
Il femble que j'habite une terre inconnue :
Tout ce qui m'environne eft étrange à mes yeux :
Je vois différemment ce qui s'offre à ma vûë;
Mon ame eft autrement émuë.
Mes efprits & mes fens n'ont plus le même cours:
J'y trouve un changement qui n'eft que trop vifible;
Je me cherche en moi-même , & je m'y perds toû-
jours.
Je n'ai plus rien de libre. Il ne m'eft pas poffible
De démêler d'où vient le trouble de mon cœur.
C'eft en vain que je veux fortir de ma langueur :
Je m'y fens retenir par d'invincibles charmes.
Je m'exhale fans ceffe en foupirs , en regrets :
Et fans fçavoir quels font mes fentimens fecrets ,
Souvent je m'attendris jufqu'à verfer des larmes.
Cependant , quel que foit l'état où tu me vois ,
Il ne me déplait pas autant que tu le crois.

NADINE.

Le meilleur feroit , ce me femble ,
De chercher à fortir d'un état importun.
C'eft comme un fort : il y reffemble.

A l'égard du reméde, il doit s'entrouver un.
Que ne confultez-vous ?...

Z E M I R E.

Qui donc ?

N A D I N E.

Azor.

Z E M I R E.

Je n'ofe.

N A D I N E.

Vous n'ofez ?

Z E M I R E.

Non, vraiment.

N A D I N E.

Et quelle en eft la caufe ?

Z E M I R E.

Hélas ! c'eft ce que jufqu'ici
Je n'ai pas encor éclairci. [*Elle fe regarde.*]
Mais à propos de lui, vraiment je me rapelle
Qu'il faut que je retourne au Hameau promptement.
Attends-moi. Je reviens ici dans un moment.

N A D I N E.

J'attendrai.

Z E M I R E.

Sois toûjours ma compagne fidelle.
Je t'ai confié ma douleur ;
Tu vois que j'ai bien du malheur :
C'eft un titre de plus pour m'aimer davantage.

N A D I N E.

Allez, je fçais à quoi notre union m'engage :
Comptez de plus en plus fur ma tendre amitié.

Z E M I R E.

Ne t'en vas pas.

N A D I N E.

Hé non.

SCENE IV.

NADINE *seule*.

Elle me fait pitié.
Azor la perd. Depuis cette époque fatale,
Zémire chaque jour fond, change & dépérit.
Et voilà ce qu'on gagne à raisonner morale ;
Et, qui pis eſt encore, à s'en remplir l'eſprit !
J'ai toujours bien penſé qu'elle nous eſt mortelle.
La fureur de ſçavoir quelque choſe de plus ;
Et de primer ſur nous d'une façon nouvelle,
De pouvoir abonder en diſcours ſuperflus,
De parler, ou plûtôt d'ennuyer comme un Livre,
Entre Azor & Zémire a fait la liaiſon.
Si par un coup du Ciel, elle ne s'en délivre,
La pauvre malheureuſe y perdra la raiſon.

SCENE V.

AZOR, NADINE.

NADINE.

Vous cherchez Zémire?

AZOR.

Oui, Nadine,
Je la cherche.

NADINE.

Elle sort à l'instant de ces lieux.
Peut-être qu'elle a craint de paroître à vos yeux.

AZOR.

Pourquoi donc?

NADINE.

Je me l'imagine.

AZOR.

Elle me voit toûjours avec tant de bonté !

NADINE.

Ne fait-on jamais rien contre sa volonté?
Excusez ma franchise.

AZOR.

Elle est un peu cruelle.

NADINE.

Vous veniez reprendre avec elle
Ces sublimes discours, ces propos merveilleux,
Ces entretiens abstraits, que d'abord on admire,
Et qu'on ne tarde guére à trouver ennuyeux !

AZOR.

Nos entretiens sont tels qu'il convient à Zemire.

NADINE.

Je ne sçais pas comment elle a pu s'en coëffer.

Ce n'eſt point notre fait que de philoſopher.
Quoiqu'on diſe en faveur du ſexe dont nous ſommes,
Les éloges ſont faux , ou du moins trop flatteurs.
Le Ciel ne nous fit point pour être des Docteurs :
C'eſt un métier qu'il faut abandonner aux hommes.
Par forme , comme on dit , de dédommagement.
Chacun a ſon talent. L'art de plaire eſt le nôtre ;
Celui de raiſonner , bien ou mal , eſt le vôtre.
Ainſi tout s'eſt trouvé réparti ſagement.
Zémire vient d'en faire une épreuve aſſez belle.
            Avant que vous euſſiez ſur elle
            Acquis un peu trop de pouvoir ,
Elle avoit tout l'eſprit que nous devons avoir ;
Elle cherchoit à plaire ; elle paroit ſes charmes ;
Et de l'ajuſtement y joignoit le ſecours.

                A Z O R.
Sa beauté n'a beſoin que de ſes propres armes.

              N A D I N E.
Chanſons ! En ſe parant , on y gagne toujours.
D'ailleurs , tout s'enſuivoit ; les plaiſirs & les graces
            Sembloient voltiger ſur ſes traces.

                A Z O R.
Ne les y voit-on plus ?
              N A D I N E.
                Non.
                A Z O R.
                    C'eſt donc d'aujourd'hui ?
              N A D I N E.
La date n'y fait rien. Elle ſe meurt d'ennui.
                A Z O R.
        Je n'en ſçais pas la moindre choſe.
              N A D I N E.
C'eſt que l'on ne ſçait pas tous les maux que l'on
        cauſe.
                A Z O R.
Je la vois tous les jours.

N A D I N E.

Mais je la vois auffi.

A Z O R.

Elle ne femble pas avoir aucun fouci.

N A D I N E.

Sa triftefle paroît affez fur fon vifage ;
Et je ne comprends pas que l'on difpute un fait.

A Z O R.

[*à part.*]

De l'amour que j'infpire eft-ce un heureux préfage ?
Aurois-je le bonheur de caufer cet effet ?
   Ou bien feroit-ce Affan, pour qui Zémire !...
[*haut.*]
Mais quelle vifion ! Que venez-vous me dire ?
         Votre amie a précifément
Cette douce gayeté, cet aimable enjoûment,
Qui, fans aller jamais jufques à la folie,
S'éloigne également de la mélancolie.

N A D I N E.

Eh ! c'eft qu'aparemment je ne m'y connois point.

A Z O R.

         Je ne puis vous paffer ce point.
Elle, de la triftefle ? Elle n'en a pas l'ombre.

N A D I N E.

Elle eft fi bien en proye au chagrin le plus fombre,
Que même ta beauté s'en reffent.

A Z O R.

                  Ah ! grands Dieux !
Jamais un feu plus vif n'a brillé dans fes yeux :
Les beaux jours du printems ne font pas plus beaux
      qu'elle :
         A chaque inftant quelque grace nouvelle
Vient, d'un nouvel éclat, embellir fes apas.

N A D I N E.

Il faut donc qu'avec vous elle fe contrefaffe.

A Z O R.

Nadine, la beauté ne fe contrefait pas.

NADINE.

NADINE.
Je voudrois qu'elle vint pour vous confondre en face;
Je l'attends ici juftement.

AZOR.
Je conviens avec vous que fon ajuftement
N'emprunte point de l'art la folle bigarrure;
Que la fimplicité fait toute fa parure.
Nadine, je ne puis la blâmer en cela.

NADINE.
Vous avez raifon.

SCENE VI.

ZEMIRE, *avec gayeté & ornée galamment avec des fleurs.* AZOR, NADINE.

ZEMIRE.

Me voilà.

AZOR.
Quelle parure ! Ah Ciel !

NADINE.
Quelle joie éclatante !

[à part.]   AZOR.
Zémire cherche à plaire, & ce n'eft pas à moi.

ZEMIRE.
J'ai fuivi tes avis.

NADINE.
Je devine pourquoi.
Vous me paroiffez bien contente !

ZEMIRE.
Pour contente, à prefent je la fuis.

NADINE.
Un moment.

Tome II.   F

Aporte bien du changement.

A Z O R.

Ah ! Nadine, un moment, laiſſez-nous, je vous prie.

N A D I N E.

Volontiers : Auſſi-bien le ſérieux m'ennuye.

SCENE VII.

A Z O R , Z E M I R E.

Z E M I R E.

A zor ?...

A Z O R.

Zémire !...

Z E M I R E.

Hé mais...

A Z O R.

Hé bien ?

Z E M I R E.

Vous paroiſſez

Rêveur ?

A Z O R.

Je le deviens.

Z E M I R E.

Pourquoi donc ?

A Z O R.

Je ne ſçais.

Z E M I R E.

Par quelle avanture imprévue
Aurois-je le malheur de bleſſer votre vue ?

A Z O R.

Votre éclat m'éblouit.

Z E M I R E.

Quel eſt ce ſombre accueil ,

Azor ne daigne pas m'honorer d'un coup d'œil !

AZOR.

Ah ! vous embelliffez ce qui pare les autres.

ZEMIRE.

Des complimens fi vains ne peuvent me flatter.

AZOR.

Vous vous les attirez.

ZEMIRE

Daignez mieux me traiter ;
Azor , au nom des Dieux , quels chagrins font les
     vôtres ?

AZOR.

Que me demandez-vous ? . . .

ZEMIRE.

D'entre être de moitié.

AZOR.

Je fuis trop malheureux.

ZEMIRE.

Mes inftances font vaines !
Si vous ne voulez pas que j'entre dans vos peines ,
Quand voulez-vous jouir de ma tendre amitié !
Elle peut , au défaut de mon expérience ,
Du moins , de vos malheurs , adoucir la rigueur.

AZOR.

Mais vous , qui me preffez de vous ouvrir mon cœur ,
Avez-vous bien en moi la même confiance ?
Depuis qu'auprès de vous je me fu's attaché ,
Voyons , n'avez-vous rien que vous m'ayez caché.
La confiance exige , & veut du réciprcque.
Ce doux épanchement doit être mutuel.
Hé quoi donc ? Vous gardez un filence équivoque ?

ZEMIRE *à part.*

Nadine aura tout dit.

AZOR *à part.*

Ah , quel moment cruel !

[*Haut.*]

Le trouble & la rougeur vous fervent d'interpréte.

ZEMIRE.

Azor, ne croyez pas une amie indiscréte.

AZOR.

Ce reproche ingénu n'est pas un désaveu.
Zémire....

ZEMIRE.

Qu'ai-je dit ?

AZOR.

Remettez-vous un peu.
Concertez mieux votre réponse.

[*On entend un bruit de Cors de chasse.*]

Qu'entens-je ? C'est Assan ! Ce grand bruit nous l'annonce.
Vous l'attendiez, sans doute ! Il tourne ici ses pas,
Et vient, fort à propos, vous tirer d'embarras.
Je ferai beaucoup mieux de lui céder la place.

[*à part.*]

Observons-les des yeux.

SCENE VIII.

ASSAN, ZEMIRE. *Suite d'Assan.*

ASSAN *à sa Suite.*

JE rejoindrai la chasse.

SCENE IX.

ASSAN, ZEMIRE.

ASSAN *à part.*

SOus ces traits empruntés, continuons toujours
A me venger d'Azor, en troublant ses amours ;
L'ingrat n'a pû m'aimer, empêchons qu'on ne l'aime.
[*Haut.*]
Ah ! Zémire, c'est vous ! Mon bonheur est extrême.
Je m'échape en secret pour venir honorer
L'objet le plus charmant que le Ciel ait fait naître.
Dans son plus bel ouvrage, Assan vient l'adorer.
Zémire, à ce portrait, devroit se reconnoître.

ZEMIRE *inquiéte.*

Qui, moi ?

ASSAN.

Vous seule y ressemblez.
Ramenez vos regards errants dans ces retraites.
Ne cherchez point ailleurs ce qui n'est qu'où vous
     êtes.
L'amour & la beauté sont ici rassemblés ;
Assan vient, à vos pieds, déposer son hommage.
Vous ne me dites rien ?

ZEMIRE.

Vous parlez un langage
Qui ne s'est pas encore introduit dans ces lieux.

ASSAN.

C'est celui qu'il convient de parler à Zémire ;
Et je n'exprime rien que ce qu'elle m'inspire.

ZEMIRE.

Si je vous inspirois, je vous entendrois mieux.

ASSAN.

Zémire, fe peut-il que rien ne vous éclaire ?
Quoi! vous ne voyez pas que je cherche à vous plaire,
Que je vous aime enfin ?

ZEMIRE.

Vous m'aimez ! Et pourquoi !
A peine avez-vous fait connoiflance avec moi.

ASSAN.

Vous avez triomphé dès la premiére vue,
Mon cœur fut pénétré d'une atteinte imprévue,
Quand j'ai voulu combattre, il n'en étoit plus tems.

ZEMIRE.

Plus vous vous expliquez, & moins je vous entends.
Ces grands mots de combat, de triomphe, d'atteinte,
M'embarraflent l'efprit.

ASSAN.

En quoi?

ZEMIRE.

Il fembleroit que c'eft par force & par contrainte
Que vous avez conçu de l'amitié pour moi.

ASSAN.

Vous parlez d'amitié, lorfque je vous adore !
Ce que vous m'infpirez porte un nom plus charmant.

ZEMIRE.

Et quel eft-il ?

ASSAN.

L'amour, dont le feu me dévore.

ZEMIRE.

Dites-moi, cet amour eft donc un fentiment.

ASSAN.

Ah Ciel, fi c'en eft un !

ZEMIRE.

Voilà ce que j'ignore.
Plus doux que l'amitié ?

ASSAN.

Mille fois plus encore.

De tous les sentimens , l'amour est le plus doux.
Tel qu'il est dans mon cœur , il les renferme tous.

ZEMIRE *à part.*

Il peut avoir raison.

ASSAN.

Le raport est fidelle.
Puissiez-vous en juger par vous-même en ce jour !
La plus vive amitié n'en est qu'une étincelle.
Ou plûtôt elle n'est que l'ombre de l'Amour.

ZEMIRE.

Jamais rien d'aprochant n'a frapé mes oreilles :
J'en ignorois jusques au nom.
Pourriez-vous m'expliquer de si grandes merveilles?
Quand on a de l'amour , à quoi le connoît-on ?

ASSAN.

A tout ce que je sens, quand le sort nous assemble.

ZEMIRE.

Et que ressentez-vous.

ASSAN.

Tous les plaisirs ensemble.

ZEMIRE *à part.*

Voilà l'effet qu'Azor produit sur tous mes sens.

ASSAN.

Puis-je vous exprimer tout ce que je ressens ,
L'effet que font sur moi vos armes invincibles !
On ne définit bien l'amour qu'aux cœurs sensibles.
Ce qu'on ne ressent point ne s'imagine pas.

ZEMIRE.

Fort bien.

ASSAN.

M'entendez-vous ?

ZEMIRE.

Je vous suis pas-à-pas.
Et quand vous me quittez ?

ASSAN.

Quelle horreur m'environne !
Oui, Zémire , aussi-tôt mon bonheur m'abandonne !

F 4

Les chagrins, les foucis m'attendent au retour;
Par-tout ailleurs, qu'au fond de cet heureux féjour,
Aucun amufement n'eft plus à mon ufage :
Je ne fçais quelle affreufe & mortelle langueur
Répand autour de moi le plus fombre nuage.

   Z E M I R E *à part.*

Il femble, mot-à-mot, lire au fond de mon cœur.
Aurois-je de l'amour ? Achevons de m'inftruire.
 [*Haut.*]
Je devine, à peu près, ce que vous m'enfeignez.
J'imagine l'état que vous me dépeignez :
Mais quel but à l'amour ? A quoi peut-il conduire ?

   A S S A N.

Au bonheur le plus grand, quand il eft mutuel.

   Z E M I R E.

Et quand il ne l'eft pas ?

   A S S A N.
     Ah ! rien n'eft plus cruel.

  Z E M I R E.

Comment faut-il qu'il foit pour être réciproque ?

   A S S A N.

On ne peut s'y tromper ; rien n'eft moins équivoque.
Pour être l'un à l'autre, il femble qu'on foit né ;
  Chacun, vers l'objet de fa flâme,
Par un penchant égal, eft fans ceffe entraîné ;
On ne fait plus qu'un cœur, qu'un efprit & qu'une
  ame ;
On ne penfe, on n'agit, on n'exifte en effet
Qu'autant que l'on s'adore ; on devient ce qu'on
  aime.

  Z E M I R E *avec joie.*

Ce que vous m'aprenez eft le bonheur fuprême.
Ah ! de tous les états voilà le plus parfait.

   A S S A N.
  Ce n'eft pas affez de me croire :
Pour en être plus fûre, agréez la victoire
  Qui me met en votre pouvoir.

ZEMIRE.

C'en est assez ; j'ai sçu ce que je veux sçavoir.

ASSAN.

Non, Zémire, il vous reste encore
A goûter le plaisir d'aimer à votre tour.

ZEMIRE.

Que sçavez-vous si je l'ignore ?

ASSAN *se jette aux pieds de Zémire.*

Que cet aveu m'est cher ! Oh, trop heureux retour !
Zémire, l'on peut donc vous aimer & vous plaire ?

ZEMIRE.

Ce transport n'est pas nécessaire.

A part, en voyant Azor & fuyant.

Ah !

SCENE X.

AZOR *prend la place de Zémire.* ASSAN.

ASSAN.

JE connois le prix d'un don si précieux.
Zémire, aimez autant que vous êtes aimée ;
Et soyez, à jamais, ma fortune, mes dieux....

[*Il se léve.*]

Qu'est devenu l'objet dont mon ame est charmée ?

[*à Azor.*]

C'est toi qui l'as fait fuir, rival trop indiscret !
Reste, & dévore ici ta honte & ton regret.

SCENE XI.

AZOR *feul.*

CE qu'il me fait entendre, a dequoi me confondre.
Il n'eft donc plus de cœur dont on puiffe répondre?
D'où vient qu'à mon afpect Zémire a difparu?
  Elle a fui dès qu'elle m'a vû.
Seroit-ce par égard pour moi-même, ou pour elle?
Que veut dire un coup d'œil confus, embarraffé,
Qu'elle femble m'avoir tendrement adreffé?
La victoire d'Aflan peut n'être pas réelle.
N'en croyons que Zémire. On peut lire aifément
Dans le cœur ingénu de cet objet charmant.
Je pourrois avoir pris une allarme trop forte....
Je cherche à m'abufer, je le fens; mais n'importe;
Saififfons une erreur qui flatte mes defirs:
On n'en refufe point de la main des plaifirs.

Fin du premier Acte.

ACTE II.

SCENE PREMIERE.

ZALEG *seul.*

L'Amour m'a fait trouver un heureux stratagême.
Nadine doit sçavoir à present que je l'aime.
On n'avoit jamais pris de pareils truchemens.
Mais il suffit d'aimer ; & tout sert aux amans.

SCENE II.

NADINE, ZALEG.

NADINE.

REprenez vos oiseaux.
                ZALEG.
            Pourquoi donc ?
            NADINE.
                        Quel dommage !
Vous leur avez gâté leurs chants harmonieux,
En y substituant un refrain ennuyeux.
Je ne puis souffrir cet étrange ramage.

F 6

ZALEG.

Que vous disent-ils donc de si fâcheux?

NADINE.

Comment?
Du matin jusqu'au soir s'entendre incessamment
Répéter, fredonner, ramager à l'oreille;
Zaleg aime Nadine! Est-il gêne pareille?
Que ne leur laissiez-vous les sons mélodieux
Dont ils font retentir nos forêts & nos plaines?

ZALEG.

Ils vous parlent de vous.

NADINE.

J'aimerois cent fois mieux
Les entendre chanter leurs plaisirs que vos peines.

ZALEG.

On peut varier ce refrain.
Qui vous paroît trop uniforme.
Pour lui donner une autre forme,
Vous avez un moyen certain.
En transposant les noms....

NADINE.

J'ai peine à vous entendre.

ZALEG.

Et mais, vous pourriez leur aprendre
A mettre votre nom à la place du mien.

NADINE.

Cela diroit : Nadine aime Zaleg.

ZALEG.

Fort bien.
Alors ils chanteroient mes plaisirs & les vôtres.

NADINE.

Je ne veux pas qu'ils soient dans la bouche des autres.
Bon voyage aux oiseaux : en faveur de leurs chants,
Ils vont tous, de ma grace, avoir la clef des champs.

ZALEG.

Soit. Ils iront dans ces retraites
Continuer leurs chants nouveaux;

Et bien-tôt les autres oiseaux
Seront aussi mes intérprétes.
Ils auront des petits qui les imiteront.
Les uns, de proche en proche, iront dans les cam-
pagnes,
Dans les forêts, sur les montagnes,
Les aprendre aux échos qui les répéteront ;
D'autres, accoutumez à de plus grands voyages,
Traverseront les vastes mers,
Et porteront au bout de l'univers
La nouveauté de leurs ramages ;
Et par-là, nos deux noms réunis désormais,
Seront connus par-tout, & ne mourront jamais.

NADINE.

Non ; un pareil honneur n'est pas ce qui m'anime,
Plus nous faisons de bruit, & moins on nous estime.
Ainsi je garderai vos petits indiscrets,
Afin qu'ils n'aillent pas répandre nos secrets.

ZALEG.

Ah ! Nadine, achevez de me rendre la vie.

NADINE.

Avec Zémire ici je suis en rendez-vous.
Je la vois ; elle vient. Laissez-nous, je vous prie ;
Elle n'a pas besoin d'un témoin tel que vous.

SCENE III.

ZEMIRE, NADINE.

ZEMIRE.

Nadine, excuse-moi, si je t'ai fait attendre.

NADINE.

Quand j'attends, je m'amuse au lieu de m'ennuyer.
Eh bien, Azor, Assan, n'ont pû vous égayer ?

ZEMIRE.

Je ne sçais plus auquel entendre.

NADINE.

Eh ! de leur tyrannie il faut vous affranchir.

ZEMIRE.

Ah, Nadine !

NADINE.

Quoi donc ?

ZEMIRE.

J'ai bien à réfléchir.

NADINE.

Sur quel sujet ?

ZEMIRE.

Sur tout ce que je viens d'aprendre.
Assan, qui me déplait, que je ne puis souffrir,
Vient pourtant de me découvrir
Des choses qui vont te surprendre,
Dont il semble qu'Azor ait craint de me parler,
Et qu'au fond de mon cœur j'ai peine à démêler.

NADINE.

Voyons.

ZEMIRE.

C'est une découverte.

Qui pourra bien caufer ma perte.
N A D I N E.
Que vous a-t'il apris ?
Z E M I R E.
Le fecret de mon cœur.
N A D I N E.
Comment ?
Z E M I R E.
Oui, la caufe cachée
De cette mortelle langueur
Que tu m'as, tant de fois, vainement reprochée.
N A D I N E.
La découverte eft bonne ; elle doit vous charmer.
Z E M I R E.
Nous croyons nous aimer autant qu'on peut aimer ?
N A D I N E.
L'amitié nous unit : rien n'égale la nôtre.
Z E M I R E.
Eh bien dans la nature, il eft un fentiment
Cent fois plus doux, plus vif, plus tendre, & plus
   charmant,
Que toute l'amitié qui nous joint l'une à l'autre.
N A D I N E.
Et ce fentiment-là, comment l'apelez-vous ?
Z E M I R E.
Il le nomme l'amour.
N A D I N E.
Eh bien, s'il eft fi doux,
Soit ; ayons de l'amour, Zemire, il en faut prendre.
Z E M I R E.
J'ai bien peur d'en avoir. On vient de me l'aprendre.
N A D I N E.
Comment vous craignez d'en avoir ?
Z E M I R E.
Oui, ma chére Nadine.
N A D I N E.
Et ne peut-on fçavoir

Pourquoi, loin d'en être enchantée
Zémire me paroît en être épouvantée ?
Ne m'avez-vous pas dit qu'il n'est rien de plus doux?
ZEMIRE.
Oui : mais il n'est charmant qu'autant qu'on en inf-
pire :
S'il n'est pas mutuel, c'est un cruel martyre.
NADINE.
Mais, vraiment, il sera mutuel entre nous.
Si c'est-là le moyen de s'aimer davantage,
Zémire, vous n'avez qu'à m'en communiquer.
ZEMIRE.
Nous ne pouvons ensemble en faire aucun partage.
Cet amour.... je ne fçais comment te l'expliquer....
Ah, que j'y fuis embarrassée !
NADINE.
Je ne puis deviner.
ZEMIRE.
Non, j'ai dans la penfée
Qu'il faut que tout me refte, ou qu'un autre que toi,
Que je n'ofe nommer, le partage avec moi.
Par exemple, Affan m'aime ; il me l'a fait connoître:
‘ Il a pour moi de cet amour :
Il fera malheureux autant qu'on puiffe l'être ;
Il n'obtiendra de moi jamais aucun retour.
NADINE.
L'énigme eft un peu moins obfcure ;
Mais voyons, contez-moi cette étrange avanture.
Cet Affan, dites-vous, a pour vous de l'amour,
Et faute d'un certain retour,
Sa fituation deviendra bien affreufe ?
ZEMIRE.
Je ferai dans le même cas.
NADINE.
Et ne pourriez-vous être un peu moins malheureufe?
ZEMIRE.
Non ; puifqu'aparemment Azor ne m'aime pas.

NADINE *à part.*

J'ai mes raifons auffi pour chercher à m'inftruire.

[*Haut.*]

Mais à quoi voyez-vous qu'Azor n'a point d'amour?
Quel effet dans fon cœur auroit-il dû produire?

ZEMIRE.

Tous les tranfports qu'Affan m'a fait voir en ce jour.
Il vient de me jurer qu'il m'aime, qu'il m'adore;
Qu'il a pris dans mes yeux un feu qui le dévore:
En termes plus flatteurs, plus doux, & plus charmans,
On ne peut jamais rendre un fi fenfible hommage.
L'encens qu'on offre aux Dieux ne vaut pas ce lan-
gage:
                    Hélas! c'eft celui des Amans.
Dans la bouche d'Azor qu'il auroit eu de charmes!
Et qu'il m'épargneroit de foupirs & de larmes!
Il s'en feroit fervi, s'il avoit de l'amour:
Et peut-on en parler un autre à ce qu'on aime?
Je ne me fouviens pas qu'Azor jufqu'à ce jour,
M'ait jamais fait jouir de la douceur extrême
De lui voir éprouver ces tranfports enchanteurs:
Jamais, en me parlant, il ne m'a fait entendre,
Ni ces expreffions, ni ces termes flatteurs
Dont je crois que l'ufage eft fi doux & fi tendre.
Les aurois-je oubliés, s'il les eût employés!
Azor n'a point d'amour.

NADINE.
                    Mais dites-moi, Zémire,
          Suppofé que vous en ayez,
Eft-il fûr que ce foit pour Azor?

ZEMIRE.
                    Je t'admire!
Et quel autre que lui pourroit m'en infpirer?
Sur ce qu'Affan m'a dit, je me fuis reconnuë.
Le détail qu'il m'a fait a deffillé ma vue:
Ce n'eft que loin d'Azor qu'on me voit foupirer?
Son abfence m'accable, & me devient mortelle:

Il semble que ce soit une Éclipse cruelle.
            Mais si-tôt que je le revois ,
Ma situation change , elle n'est plus la même.
Il ranime mes yeux , mon esprit , & ma voix.
Je me retrouve alors dans un état que j'aime.
Qu'il est doux ! Ah ! Nadine , en effet , je jouis
Du bonheur que je crois le plus grand de la vie.
Dans ces momens , toûjours trop tôt évanouis ,
L'avenir, le passé, tout se perd & s'oublie.
Mes chagrins sont si bien détruits ou suspendus ,
Qu'il ne me souvient pas d'en avoir jamais eus.

NADINE *a part.*

Je m'instruis fort bien avec elle.

[*haut.*]

Ah ! comme vous vous animez !
Vous avez deviné, c'est lui que vous aimez.

ZEMIRE.

Oui : mais j'aimerois seule.

NADINE.

                Il vous suit avec zèle ;
Il vous donne des soins ; il vous préfére à nous.

ZEMIRE.

D'accord.

NADINE.

Il ne se plait seulement qu'avec vous.

ZEMIRE.

Il n'entre point d'amour dans toute sa tendresse.
Ce n'est que l'amitié qui pour moi l'intéresse.
Tous ses soins les plus doux peuvent s'y raporter.
Il ne me troave pas digne d'un autre hommage.
Je manque aparemment d'attraits, d'esprit ou d'âge.
Je ne puis plus me suporter.

[*Elle s'assied.*]

NADINE *à part.*

Tout bien consideré, je crois que Zaleg m'aime !
Que ne me l'a-t-il dit ! D'où viennent ces égards.

ZEMIRE.

Qu'eſt-ce que tu dis-là ?

NADINE.

Je compte avec moi-même.

ZEMIRE.

Cependant, quand je ſonge à ces tendres regards
Qu'il attachoit ſur moi !... Me ſerois-je trompée ?
Les miens plus d'une fois ont fait bailler les ſiens :
J'en ai ſouvent été frapée.
J'ai ſurpris des ſoupirs tout ſemblables aux miens.

NADINE.

Tant mieux.

ZEMIRE.

J'ai cru lui voir du trouble, des allarmes,
Et quelquefois les yeux prets à verſer des larmes,
Et tout-à-l'heure encore.

NADINE.

Il peut être enflammé.

ZEMIRE.

Mais ſa bouche jamais ne m'a rien confirmé.

NADINE.

Eh ! ne gardez-vous pas avec lui le ſilence ?

ZEMIRE.

Le ſien peut-il ſe colorer ?
Nadine, ah, quelle différence !
Supoſé qu'Azor m'aime, il ne peut l'ignorer....
Il me vient une idée. Oſerois-je la croire ?
Eſt-il honteux d'aimer ? Faut-il garder ſon cœur ?
Et ſeroit-ce bleſſer ſon honneur & ſa gloire
Que de reconnoître un vainqueur ?
Ah ! s'il faut que l'amour ne ſoit qu'une foibleſſe,
Voila ce que j'ignore.

NADINE.

Il n'eſt pas naturel...

ZEMIRE.

Cette idée en effet me révolte & me bleſſe.

N A D I N E.
Elle n'a donc rien de réel.
Vous vous fabriquez-là des terreurs infensées
Qu'il faut combattre, au lieu de s'en laisser saisir!
Dans la confusion de vos tristes pensées
Votre esprit se travaille, & se perd à plaisir.
J'en pourrois, comme vous, avoir en affluence.
Par bonheur je n'ai plus l'esprit de m'attrister.

    [*Elle entend quelque bruit, & va regarder.*]
Qu'entens-je ?

Z E M I R E *languissamment.*

    Quelle douce & paisible influence
Vient assoupir mes sens ? Je n'y puis résister.
Sur mes yeux accablez le sommeil va descendre :
C'en est fait ; il triomphe, & me force à me rendre.

N A D I N E *revenant.*

Ce n'est rien. Je croyois que l'on venoit ici.
Mais, Zémire, espérez. Zaleg qui m'aime aussi,
M'en avoit, jusqu'ici, toujours fait un mystére.
Ce n'est que d'aujourd'hui que, lassé de se taire,
    Il m'a fait sçavoir son amour.
Me diriez-vous pourquoi l'ingénieux détour
Dont Zaleg s'est servi, ne m'a pas moins charmée,
    Que le plaisir d'en être aimée ?
Je vais vous le conter.... Mais je parle aux échos !
Ah, ah ! je vous endors ? Hé bien, à la pareille.
Mais ne nous fâchons pas de ce qu'elle sommeille :
La pauvre infortunée a besoin de repos.

SCENE IV.

ASSAN, ZEMIRE *endormie*.

ASSAN.

Le charme à réuffi, Zémire eft endormie.
Sommeil, je t'ai livré ma mortelle ennemie :
    Daigne m'aider, redouble tes pavots.
Tandis qu'elle jouit des douceurs du repos,
Employons les moyens qui rendent tout poffible ;
Déployons à fes yeux, prodiguons, répandons
Les biens les plus parfaits, les plus précieux dons :
Zémire comme une autre y doit être fenfible.

[*On lui aporte un coffret ouvert, plein de perles &*
    de pierreries, qu'elle pofe à côté de Zémire.]

    Qu'elle en trouve, en fe réveillant,
    L'affemblage le plus brillant :
    Cette richeffe imaginaire
Ne peut manquer d'avoir fon fuccès ordinaire...
    Mais, fi le piége que je tends
    Ne produit pas l'effet que j'en attends ;
Quelle fera ma honte & ma douleur extrême !
Dans un fonge enchanteur faifons que mon ingrat
Aparoiffe à Zémire avec tout fon éclat.
    Opofons Azor à lui-même.
Puiffe-t'elle, à mon gré, lui plaire, l'enflammer ;
Et perdre fon bonheur en fe faifant aimer....
Je dois tout efpérer de ce double artifice....
Que m'importe, pourvû qu'un des deux réuffiffe ?
Azor n'en aura pas un deftin moins fatal.

                [*Elle fort.*]

SCENE V.

AZOR, avec un Bouquet à la main.
ZEMIRE endormie.

AZOR.

AMour, conduis mes pas... Quoi, toujours mon
    rival !
Il semble qu'en tous lieux son ombre m'accompagne !
C'est ici que Nadine a laissé sa compagne :
Elle y doit reposer loin du jour & du bruit.
Avançons, & cherchons cette aimable mortelle.
Je ne vais qu'en tremblant où mon cœur me conduit.
La voici.... Mais, ô Ciel ! Que vois-je à côté d'elle ?
Les dons de mon rival ont prévenu les miens.
Quelle profusion ! Je l'avois bien prévue.
Zémire, en s'éveillant, y portera la vûë.
Mes yeux sont éblouis ! Que deviendront les siens :
Et moi, pour soutenir un combat si funeste,
Voilà ce que j'opose, & quel est mon pouvoir.
Cette foible ressource est tout ce qui me reste.
Si le plus tendre amour ne la fait pas valoir,
Que vais-je devenir ? ... Zémire, on vous outrage.
Ce tribut offensant doit blesser votre honneur ;
Et vous devez sentir que cet indigne hommage
Vient moins d'un tendre Amant que d'un vil su-
    borneur.
Déposons à ses pieds une offrande plus pure.
Puisse-t-elle trouver quelque grace à ses yeux !
Ah ! du moins je la tiens des mains de la nature.
Ce que j'offre à Zémire, est ce qu'on offre aux Dieux.

S C E N E VI.

ZEMIRE *seule , se réveillant.*

OÙ suis-je ? Est-il bien sûr que ce ne soit qu'un
　　　songe ?
N'ai-je point en effet disposé de ma foi ?
Rassurons-nous ; ce n'est heureusement pour moi
Qu'une de ces erreurs où le sommeil nous plonge.
Tâchons d'en effacer la triste impression. . . .
　　　　　　[*Elle aperçoit les diamans.*]
　　　Seroit-ce une autre illusion ?
Suis-je encore endormie ? Ah , Ciel ! Est-il possible !
Est-ce à moi qu'on en veut ? La frayeur me saisit.
Tandis que je dormois, quelle main invisible
A mis auprès de moi ? ... Mais lisons cet écrit.
　[*Elle lit.*]
Zémire... c'est ainsi qu'Assan prouve qu'il aime.
　　　Mon cœur ne se sent point flatter
De ces preuves d'amour, qu'Assan fait éclater.
Quand j'y pense, j'éprouve un sentiment contraire.
Il croit que l'intérêt pourroit me maitriser.
Quoi ! se peut-il qu'Assan soit assez téméraire...
Je ne sçais point haïr ; mais je sçais mépriser.
　　　　　[*Elle aperçoit le bouquet.*]
Ah , quel don plus flatteur se présente à ma vue ?
Mon ame , à cet aspect, est tendrement émüe :
Il vient d'une autre main.... Ah, s'il venoit d'Azor !
Et quel autre que lui m'offriroit ce trésor ?
De sa tendre amitié c'est un aimable gage.
　　　　　[*Elle prend le bouquet & l'admire.*]
　　　Rien n'est pour moi plus précieux.
Qu'il m'est cher ! Je l'accepte. Oui , j'en vais faire
　　　usage.

Que je l'admire encore ! Il enchante mes yeux.
Il semble que ce soient autant de fleurs nouvelles
Qu'auparavant je ne connoissois pas.
Je ne leur avois point découvert tant d'apas :
Jamais je ne les vis si fraîches & si belles.
On n'en pouvoit pas mieux assortir les couleurs.
[*Elle le flaire.*]
On ne peut respirer de plus douces odeurs.
[*Elle l'essaye.*]
Que je vais être ornée, & peut-être embellie ?
[*Elle l'attache.*]
Il sera beaucoup mieux... Non, rien n'est plus parant.
Je n'aurai point été si belle de ma vie.
Le plaisir que je sens m'en est sûr garant.

SCENE VII.

AZOR, ZEMIRE.

AZOR *à part.*

C'En est fait, mon secret n'est plus en ma puissance.
Tombons à ses genoux ... Je perdrois mon bonheur.

ZEMIRE *lui montrant le Bouquet.*

Voyez votre bienfait & ma reconnoissance.

AZOR.

Je vois qu'on ne peut pas lui faire plus d'honneur.

ZEMIRE.

Azor, il faudroit lire au fond de ma pensée :
L'expression ne peut en rendre la moitié.

AZOR.

Il est vrai que jamais la plus tendre amitié
Ne fut mieux reconnue & mieux récompensée.

ZEMIRE

ZEMIRE *avec dépit, à part.*

Quoi toujours l'amitié !

AZOR.

Je sens à tous momens
Qu'elle augmente pour vous mes tendres sentimens.

ZEMIRE.

Lui dirai-je mon rêve ? Oui.

AZOR *à part.*

Qui peut la distraire ?

ZEMIRE *à part.*

Sur mes doutes secrets il faut que je m'éclaire
Que vais-je faire : O Ciel ?

AZOR.

Vous semblez soupirer ?

ZEMIRE.

Je soupire, il est vrai.

AZOR.

Quel chagrin vous attriste ?
Aurois-je le malheur de vous en inspirer ?

ZEMIRE.

Vous ?

AZOR.

Ah ! Permettez que j'insiste.

ZEMIRE.

Hélas !

AZOR.

Dissipez mon effroi.
Sur des momens d'abord si remplis d'allégresse.
Et que j'ai crus, pour vous, aussi chers que pour moi,
Pourquoi répandez-vous la plus sombre tristesse ?

ZEMIRE *après avoir rêvé.*

Elle vient malgré moi d'un songe que j'ai fait.

AZOR.

Un songe, dites-vous ?

ZEMIRE.

L'impression m'en reste ;
Il semble m'annoncer un avenir funeste ;

Et je crains qu'il n'ait son effet.

A Z O R.

Quoi! vous donnez dans une erreur pareille,
Une chimére, une vapeur,
Qui ne dure qu'autant que la raison sommeille,
Trouble votre repos? Un rêve vous fait peur,
Ah, Zemire, est-il vrai?

Z E M I R E.

Je l'avoue à ma honte,
Mais il faut cependant que je vous le raconte.
Peut-être me calmerez-vous.

A Z O R.

Voyons; j'y ferai mon possible.

Z E M I R E.

Vous m'avez tant parlé d'un Génie insensible,
Dont la punition est d'errer parmi nous....

A Z O R.

Je sçais que je vous ai raconté son histoire,
Et que même vous l'avez plaint.

Z E M I R E.

Azor, vous ne pourrez me croire,
Mais, tel que vous l'avez depeint,
Sous la même figure, avec les mêmes charmes,
Qui forcérent la Fée à lui rendre les armes,
Aujourd'hui ce Génie....

A Z O R.

Hé bien !

Z E M I R E.

M'est aparu.

A Z O R.

Je vous suis ;... Il vous est aparu?

Z E M I R E.

C'est lui-même.

A ZOR *transporté, à part.*

Ah ! faut-il lui cacher que c'est moi qu'elle a vû?

Z E M I R E.

Je ne puis revenir de ma surprise extrême.

Je l'ai vû de mes yeux, & j'ignore comment
Je l'ai trouvé charmant... Mais c'étoit en dormant.
Sa beauté m'a frapée ; il faut que je le dise.

AZOR.

Ne cherchez point Zémire, à vous en excuser.

ZEMIRE.

Et mais pardonnez-moi ; je dois m'en accuser.
Je n'ai pas même été surprise
Qu'une Fée ait voulu lui plaire, & le charmer :
En effet, elle a pu s'en laisser enflammer.

AZOR.

Il a dû vous trouver plus adorable qu'elle.

ZEMIRE.

Du moins, il me l'a dit.

AZOR.

Je le crois aisément.

ZEMIRE.

Elle doit m'en punir, puisqu'elle est si cruelle.

AZOR.

Je devine facilement
Qu'il vous aura rendu l'hommage le plus tendre.

ZEMIRE.

Le plus tendre, il est vrai.

AZOR à part.

Que ne m'est-il permis !..

[Haut.]
Sans doute il vous aura promis
De vous aimer toujours ?

ZEMIRE.

Il me l'a fait entendre.

AZOR.

Et Vous, Zémire ?....

ZEMIRE.

Et moi ?

AZOR.

Qu'avez-vous répondu
Votre cœur a-t-il pû demeurer infléxible ?

G 2

ZEMIRE.

Non.... Mais ce n'est qu'un songe, au moins.

AZOR.

Bien entendu.

ZEMIRE.

Le traître, malgré moi, l'a rendu trop sensible.

AZOR.

Fort bien.

ZEMIRE.

Comment, vous l'aprouvez ?

[*à part.*]

Est-ce ainsi que je l'intéresse ?

AZOR.

Je vous en aplaudis. De grace, poursuivez.

ZEMIRE *avec dépit.*

J'ai promis de répondre un jour à sa tendresse.

AZOR.

Tant mieux.

ZEMIRE.

Vous n'êtes pas étonné, confondu ?

AZOR

Non : je ne vois rien là qui ne soit très-possible.
Ensuite !

ZEMIRE.

Je ne sçais ; mais un charme invincible.
Sur lui, comme sur moi, s'est fort répandu,
Qu'alors vers un autel j'ai suivi ce Génie ;
Il m'a dit qu'il falloit que je lui fusse unie.
Tous mes vœux se trouvant d'accord avec les siens,
J'ai reçu ses sermens, il a reçu les miens.
Aussi-tôt le sommeil, le Génie, & le songe,
Tout a fui. Quel plaisir n'ai-je pas eu de voir
Que ce n'étoit-là qu'un mensonge !

AZOR.

Peut-être.

ZEMIRE.

Comment donc :

A Z O R.

Ce songe peut avoir
Un effet plus constant que vous ne pouvez croire.

Z E M I R E.

J'aurois à redouter qu'il ne devint réel.

A Z O R.

Vous pouvez l'espérer.

Z E M I R E.

Que vous êtes cruel !
Au lieu de le chasser de ma triste mémoire ,
Vous augmentez l'effroi qu'il me laisse après lui.
Mais pourquoi pensez-vous autrement aujourd'hui ?
D'où vient que vous changez à présent de lan-
   gage ?
Ne m'avez-vous pas dit qu'un songe est une er-
   reur ?
Qu'en bien, ainsi qu'en mal, il n'est d'aucun pré-
   sage ;
Qu'il ne doit inspirer ni crainte, ni terreur ;
Conciliez-vous donc. Que faut il que croye !
D'un Génie inconnu je deviendrois la proye !
Je l'aimerois par force, ou par enchantement !
Non ; je n'aurai jamais un destin si contraire :
C'est envain qu'il viendroit reclamer mes ser-
   mens.

A Z O R.

Eh quoi ? N'a-t-il pas eu le bonheur de vous plaire ?

Z E M I R E.

Ai-je agi librement en cette occasion ?
Je n'ai point eu de part à cette illusion.

A Z O R.

Ne répondez de rien.

Z E M I R E.

Je crois en être sûre.

A Z O R.

Non, vous ne l'êtes pas ; c'est moi qui vous l'assure.
Vous pourriez vous dédire avant la fin du jour.

Z E M I R E.

Et moi je jure, je protefte
Que jamais ce Génie avec tout fon amour....

A Z O R.

Ah ! Zémire, arrêtez. N'achevez pas le refte.
Tout ce qui vous eft cher, vous preffe par ma
    voix....

Z E M I R E.

Azor, c'en eft affez ; j'aurois tort, je le vois.
A vos fages avis, Zémire doit fe rendre.
Il faut nous épargnèr des débats fuperflus.
Quel que foit l'avenir, Azor, je vais l'attendre.
Ce fera loin de vous.... Ne nous rencontrons
    plus ;
Evitons nous tous deux ; moi, par obéiffance ;
    Et vous, Azor, par complaifance.

[*Elle détache fon bouquet, & le lui rend, en le jettant
    avec dépit.*]

Au furplus, réprenez ce que je tiens de vous :
    Alian en feroit trop jaloux.

SCENE VIII.

AZOR *seul.*

QUe son dépit la rend touchant !
Non, jamais il me fut un objet plus charmant.
Ah Dieux que la beauté s'embellit en aimant !
Que son courroux est cher à mon cœur ! Qu'il
    m'enchante !
Mais ce n'est pas assez, s'il ne peut l'engager
A prononcer l'aveu de sa tendresse extrême.
Ne dira-t-elle point que c'est Azor qu'elle aime ?
Fée injuste, à jamais voulez-vous vous venger ?

Fin du second Acte.

ACTE III.

SCENE PREMIERE.

ZEMIRE, NADINE.

ZEMIRE.

NE me reprochez plus ma tristesse profonde.

NADINE.

J'ai cru que votre cœur devoit être content ;
     Zaleg, que je quitte à l'instant,
M'a dit qu'Azor étoit le plus content du monde.

ZEMIRE.

Sa joye est un outrage ; & l'éclat qu'il en fait
Est d'une cruauté....

NADINE.

Vous pleurez !

ZEMIRE.

Oui, je pleure.
De tout ce qu'il m'a fait entendre tout à l'heure,
     Il devroit être satisfait.

NADINE.

Mais le dépit qui vous anime,
Est-il bien raisonnable ?

ZEMIRE.

Ah ! j'ose t'en prier,
Ne parlons plus d'Azor ; épargne sa victime.

NADINE.

Allons, n'y pensons plus.

ZEMIRE.

Je le veux oublier.

Ah ! falloit-il qu'il vînt, exprès dans ces retraites,
M'aprêter le sujet d'un si long repentir ?
Sçais-tu ce qu'il m'a dit, ce que j'ai dû sentir
Dans les réponses qu'il m'a faites ?
Il me céde sans peine à qui voudra m'aimer ;
Je lui suis devenue une charge importune ;
Il se lasse des soins qui sembloient le charmer ;
Il veut, dans d'autres mains, remettre ma fortune ;
En des termes assez clairs il vient de m'annoncer
Qu'à l'espoir d'être à lui, mon cœur doit renoncer.

NADINE.

C'est trop offenser votre gloire,
D'Azor & de ses soins on pourra se passer,
De votre souvenir il le faut effacer.

ZEMIRE.

Hé, peut-on disposer ainsi de sa mémoire !

NADINE.

Pour des sujets moins importans,
Je vois que, parmi nous, tous les jours on oublie,
Sa plus chére compagne, & sa meilleure amie :
Bien ou mal-à-propos, pour la plûpart du tems,
On se brouille avec elle ; on la quitte ; on en change ;
On la punit, & l'on se venge.
Zémire, ce doit être, à plus forte raison,
Tout de même en amour.

ZEMIRE.

Quelle comparaison ?

NADINE.

Vous pouvez, en changeant, vous venger à votre
aise.
Assan . . . .

ZEMIRE.

Hé, que veux-tu que j'en fasse ?

NADINE.

Un vengeur.

G 5

Assan n'a qu'à vous plaire… Est-ce un si grand malheur ?

ZEMIRE.

Mais comment veux-tu qu'il me plaise ?

NADINE.

Sçais-je comme on inspire, & comme on prend du
  goût !
Je crois que tout cela se fait à l'avanture.
On céde à son étoile, & l'on suit la nature.
Assan vous aime. Hé bien, le dépit méne à tout ;
Il tient lieu de raison dans un cœur qu'on outrage.

ZEMIRE.

Je veux prendre un guide plus sage.
L'oubli sera plus sûr, j'en ferai mon bonheur.

NADINE.

L'oubli me paroîtroit plus sûr que tout le reste ;
Mais il traîne en longueur. La vengeance est plus
  preste,
Et d'ailleurs, fait bien plus d'honneur.

ZEMIRE.

Ainsi donc, contre Azor, Nadine se déclare !
Elle veut m'engager à le sacrifier,
Au lieu de m'obliger à le justifier !

NADINE.

Ah, ah, l'amour rend donc l'esprit un peu bizarre !

ZEMIRE.

Je vois que, sur ses maux, on a tort d'éclater,
Que dans le fonds de l'ame il faut qu'on les dévore.
Je consulte une amie, elle m'accable encore ;
Elle a la cruauté de ne me point flatter.

NADINE.

J'admire jusqu'où va votre injustice extrême.

ZEMIRE.

Laisse-moi, j'aurai soin de m'abuser moi-même.

SCENE II.

ZEMIRE *seule.*

LE pourrai-je en effet ! Ah, trop funeste jour,
Où l'on m'a fait sçavoir ce que c'est que l'amour !
J'étois bien moins à plaindre avant que d'être ins-
    truite ;
Mon ignorance étoit paisiblement séduite.
Mon malheur, ce me semble, avoit moins de rigueur.
Ah, qu'il m'est douloureux de connoître mon cœur !
Pourquoi faut-il qu'Assan m'ait découvert la cause ?...

SCENE III.

ASSAN, ZEMIRE.

ASSAN.

ZEmire, connoissez quel est votre pouvoir,
Je n'ai d'autre plaisir que celui de vous voir ;
En vous, est le seul bien que mon cœur se propose.
Je n'envisage plus d'autre félicité,
Que de brûler pour vous de la plus vive flamme ;
Et d'exciter pour moi dans le fond de votre ame
    Un peu de sensibilité.
J'y pourrois aspirer sans être téméraire.

ZEMIRE.

Mais quel droit avez - vous pour prétendre à me
    plaire ?

ASSAN.

Je puis vous procurer un fort digne de vous :
C'eſt-là mon titre le plus doux.

[*A part.*]

Tâchons de l'éblouir.

ZEMIRE, *à part.*

Cherchons à m'en défare.

ASSAN.

Vous n'avez pas ſoumis un Amant ordinaire.

ZEMIRE.

Je ne pourrai jamais en connoître le prix.

ASSAN.

Vous n'avez vû tantôt que de foibles premices :
Ces garans de l'amour dont mon cœur eſt épris ;
Ont dû vous annoncer de plus grands ſacrifices.

ZEMIRE.

Vous vous abaiſſez trop ; placez mieux votre choix.
Je ne mérite point cette grace importune.
Mon deſtin a fixé ma vie & ma fortune
Dans ce hameau prochain, & dans l'ombre des bois.

ASSAN.

Ne faites point au fort cet iniuſte reproche.
C'eſt la beauté qui fait les rangs :
Et je n'en connois point que l'amour ne raproche.

ZEMIRE.

Ils me ſont tous indifférens.

ASSAN.

Tant de beautez ne ſont point faites
Pour languir triſtement dans ces ſombres retraites ;
C'eſt dans un plus-grand jour qu'elles doivent briller.
Adorable Zémire, aprenez ma paiſſance.

ZEMIRE.

Epargnez-vous le ſoin de me la détailler.
Je me ſens attachée aux lieux de ma naiſſance.
Laiſſez-moi profiter des bontez du hazard,
Qui m'a fait naitre au fond de cette ſolitude.
Soit préjugé, ſoit habitude,

Je l'aime. Je ferois étrangére autre part.
Et qu'irois-je y chercher ? Ailleurs , rien ne m'a-
     pelle.
L'innocence raſſemble ici les vrais plaiſirs.
La nature avec ſoin remplit tous nos deſirs :
Elle régne ſur nous , & nous régnons ſur elle.

ASSAN.

Votre empire eſt par-tout. Daignez ſuivre mes pas ,
Et devenez ſenſible au plaiſir d'être aimée.
Au milieu d'une Cour attentive & charmée ,
Un Trône vous attend.

ZEMIRE.

                Je ne m'y plairois pas.

ASSAN.

Zémire , y penſez-vous ? Quel eſt donc ce langage ?

ZEMIRE.

Ah ! je n'ai pas beſoin d'y penſer davantage.

ASSAN.

Un Trône vous déplairoit !

ZEMIRE.

                                Oui.

ASSAN.

Quoi ! je ne pourois pas vous le rendre agréable ?

ZEMIRE.

Non.

ASSAN.

Ce refus eſt inoüi.

ZEMIRE.

Il n'en eſt pas moins véritable.

ASSAN.

Je vois ce qui vous rend ſi contraire à mes vœux.

ZEMIRE.

Eh ! que croyez-vous voir , quoi ?

ASSAN.

                        L'erreur où vous êtes.
Il eſt un inconnu , qu'un deſtin malheureux
     A relegué dans ces retraites.

ZEMIRE.

Eſt-ce Azor ?

ASSAN.

Oui. Peut-être eſpérez-vous qu'un jour
Son amitié pourra ſe changer en amour.
S'il eût été ſenſible, il vous auroit aimée ;
Son ame, dès long-tems, ſe ſeroit enflammée.
Depuis qu'il vous connoît il ſeroit votre Amant.
      D'ailleurs, un tendre engagement
Eſt rarement le fruit d'une longue habitude.
La foudre eſt, dans les airs, moins lente à s'allumer
Que l'amour dans nos cœurs n'eſt prompt à ſe former:
      Avec autant de promptitude,
Il nous porte le coup qu'il nous a deſtiné ;
On ne l'évite point ; l'atteinte eſt imprévue.
Un regard, un coup d'œil, dès la premiére vue,
      Le font éclore ; auſſi-tôt il eſt né.
On a beau le cacher, il devient ſi ſenſible,
Que l'on ne tarde guére à le rendre viſible :
On le déclare : heureux ſi l'aveu qu'on en fait
      Pouvoit toujours produire un bon effet !

ZEMIRE *à part.*

Il n'a jamais rien eu que de triſte à m'aprendre.
  [*Haut.*]
Ne me trompez-vous pas ?

ASSAN.

     Voudrois je vous ſurprendre ?

ZEMIRE.

Mais pourtant vous m'aimez.

ASSAN.

           Beaucoup.

ZEMIRE.

Hé bien, qu'eſt votre eſpérance ?

ASSAN.

De vous rendre ſenſible à ma perſévérance.

ZEMIRE.

L'amour ne vient jamais, s'il ne vient tout d'un coup.

Dès le premier abord j'aurois eu l'ame éprise :
Ainsi, vous voyez bien, sans que je vous le dise,
Que je n'aurai jamais aucun amour pour vous.

ASSAN.

Mais vous vous apliquez ce qui n'est que pour nous.
C'est à nous, les premiers, à vous rendre les armes.
Nous devons commencer d'abord par vous aimer.
Il faut qu'auparavant, esclaves de vos charmes,
Nous cherchions à vous enflammer,
Pour arriver enfin à ce bonheur suprême.
Ainsi, Zémire, en vous aimant,
Je pouvois me flatter que mon amour extrême
Obtiendroit un retour charmant.

ZEMIRE.

Ces distinctions-là ne vous avancent guére.

ASSAN.

Mais il s'agit d'Azor ; Zémire, en bonne-foi,
Ce rival est-il fait pour obtenir sur moi
La préférence la plus chére ?
Par où mérite t'il un don si précieux ?
Ce n'est qu'un mortel ordinaire :
Je ne vois rien en lui qui puisse tant vous plaire.

ZEMIRE

Je ne sçaurois le voir qu'avec mes propres yeux.

ASSAN.

Tout diffère entre nous, nos rangs, nos biens nos âges,
Je crois avoir sur lui d'assez grands avantages.

ZEMIRE.

Ils peuvent être vrais, mais je ne les sens pas.

ASSAN.

Mais, Zémire, songez qu'à vos divins apas
Son cœur ne s'est jamais offert en sacrifice :
Il ne l'en croit pas digne ; il s'est rendu justice :
S'il eût été, pour vous, épris du moindre feu,
Je vous l'ai déja dit, je le répète encore,
Croyez que, dès long-tems, il en eût fait l'aveu.
Il vous auroit cent fois juré qu'il vous adore.

ZEMIRE.

Il ne me l'a pas dit. Mais l'amour, par hazard,
    N'a-t'il point quelqu'autre langage
    Où la bouche n'a point de part ?

ASSAN.

    Celui des yeux est quelquefois d'usage :
Mais c'est lorsqu'on ne peut se parler autrement.

ZEMIRE.

    Et les soupirs ?

ASSAN.

                Sont le partage
    D'un tendre & malheureux Amant.
Mais, au sujet d'Azor, sans chercher davantage
    A vérifier un soupçon
Qui blesse votre gloire autant que ma tendresse ;
    A l'objet de votre foiblesse,
Zémire, gardez-vous, en aucune façon,
D'en laisser échaper les moindres témoignages.

ZEMIRE.

Pourquoi ?

ASSAN.

    D'un insensible ils seroient mal reçus.
Vous ne devez jamais prévenir nos hommages ;
Ce seroit mandier l'oprobre d'un refus.
    Qu'un mystére si déplorable
Ne se découvre point. Forcez-le de rester
Dans l'ombre & le secret d'un cœur impénétrable,
Et ne vous l'avouez que pour le détester.
    [A part.]
Que n'ai-je mieux suivi les conseils que je donne ?

ZEMIRE.

Je n'espére jamais aucune guérison :
Mais vous persuadez ma gloire & ma raison.
A vos sages avis mon amour s'abandonne :
Je jure, entre vos mains, qu'ils auront leur effet.
Hélas ! quoi qu'il en coûte à ma tendresse extrême,
Azor ne sçaura point que c'est lui seul que j'aime :

Oui, c'est Azor que j'aime.

ASSAN.

[*Le Théâtre change, & représente un Bosquet orné d'orangers, avec un berceau de fleurs, au milieu duquel est la statue de Zémire.*]

Arrêtez. C'en est fait,
Les mots sont prononcés. C'est moi qui suis punie.
Tu vois devant tes yeux cette Fée ennemie
Qui poursuivoit un cœur qui n'est fait que pour toi,
Azor n'eût pas été moins heureux avec moi.
Jouis de ton bonheur ; ma vengeance est finie.

SCENE IV.

AZOR en Génie, & habillé galamment.
ZEMIRE.

ZEMIRE.

A Zor, quoi, c'étoit vous?...
           AZOR.
                    Oui, je suis ce Génie,
Heureux dans son exil, heureux dans son amour,
Puisque vous le payez du plus tendre retour.
Il falloit cet aveu que vous venez de faire.
           ZEMIRE.
Que n'ai-je sçû plûtôt qu'il étoit nécessaire?
           AZOR.
           S'il me rend plus digne de vous,
Zémire, ce sera son effet le plus doux.

SCENE V.

AZOR, ZEMIRE, NADINE, ZALEG.
Troupe d'Habitans & d'Habitantes des campagnes voisines.

NADINE.

Peut-on sçavoir où vous en êtes ?
Vos explications sont-elles bien-tôt faites ?

ZEMIRE.

Azor m'aimoit ; il m'aime ; il me l'a dit.

NADINE.

Ne vous avois-je pas prédit
Qu'Azor brûloit pour vous d'une flamme secrette ?
Votre félicité rend la nôtre complette.
Hé bien, partons-nous pour les cieux ?

ZEMIRE.

Ah ! demeurons plûtôt en ces aimables lieux,
Où notre amour a pris naissance.
Qu'ils vont, de plus en plus, être chers à mes yeux.

AZOR.

Etablissons ici notre heureuse puissance,
Habitans, jouissez d'un sort délicieux.

NADINE.

Allons, régnons où l'on nous aime.
Qu'en dit Zaleg ?

ZALEG.

Je pense assez de même.
Où peut-on être mieux que'dans l'heureux séjour
Où l'on trouve Amour pour Amour.

FIN.

DIVERTISSEMENT.

Entrée d'Habitans & d'Habitantes des Hameaux voisins, ornés de fleurs & de guirlandes.

LA PRINCIPALE HABITANTE.

Venez tous, venez tous
Faire éclater vos transports les plus doux.

On danse autour d'elle.

AIR adressé à Zémire.

Pour éternifer notre hommage,
Nous vous consacrons ce boccage.
Régnez ; & qu'il ferve à jamais
De Temple à vos attraits.

On danse.

AIR chanté par Zémire.

La félicité même
Couronne mes desirs :
Régner fur ce qu'on aime ;
C'eft régner fur tous les plaisirs.

On danse.

* *
*

V A U D E V I L L E.

Z E' M I R E.

LE cœur dans cet heureux séjour,
Prend autant d'amour qu'il en donne,
La plus belle couronne
Ne vaut pas amour pour amour.

Aimer & trouver du retour,
Est sur quoi mon bonheur se fonde ;
De tous les biens du monde,
Je ne veux qu'amour pour amour.

Z A L E G.

J'ai fait l'épreuve, tour à tour,
D'aimer à la Cour, à la Ville ;
Il est trop difficile
D'y trouver amour pour amour.

Le tems d'aimer fuis sans retour,
Sçachez en faire un bon usage :
Au-delà du bel âge,
Il n'est plus d'amour pour amour.

Les biens & les rangs, tour à tour,
Engagent la main d'une belle :
Mais le cœur en apelle,
Il ne veut qu'amour pour amour.

On dit que les Amans de Cour
Sans aimer veulent qu'on les aime ;

Quel étrange syſtême
De vouloir amour ſans amour.

A tous les échos d'alentour,
Adonis même eût fait redire ;
Ah, que n'eſt-ce Zémire
Qui me rend amour pour amour.

Coquette & legere, à mon tour,
Je ſçais me venger d'un volage :
Mais je change d'uſage
Quand je trouve amour pour amour.

Le vieux Philemon, l'autre jour,
Me diſoit qu'il voudroit me plaire ;
Hé ! qu'en pourroit-il faire,
S'il trouvoit amour pour amour ?

Mon Amant trouve, chaque jour,
Mille Beautés qu'on me préfére,
Mais je lui ſuis plus chére,
Il ne veut qu'amour pour amour.

Le Divertiſſement finit par une Contre-danſe.

F I N.

L'ECOLE DES MERES,

COMEDIE

En cinq Actes , en Vers.

ACTEURS.

M. ARGANT.

Mme. ARGANT.

Le MARQUIS, fils de M. & de Mme. Argant.

MARIANNE, fille de M. & de Mme. Argant.

M. DOLIGNI, pere.

M. DOLIGNY, fils.

ROSETTE, Suivante de Mme Argant.

LAFLEUR, Valet-de-Chambre du Marquis.

Un Maître-d'Hôtel.

Un Coureur.

Plusieurs Laquais.

La Scène est à Paris, dans la Maison de M. & Mme. Argant.

L'ECOLE

L'ÉCOLE DES MERES,

COMEDIE.

ACTE PREMIER.

SCENE PREMIÉRE.

M. DOLIGNI *pere*, M. DOLIGNI *fils.*

DOLIGNI *fils.*

ON Pere, en vérité, j'ai peine à vous comprendre.

DOLIGNI *pere.*

Pourquoi ?

DOLIGNI *fils.*

Madame Argant tient sa fille en Convent,
Et son dessein n'est pas de se donner un Gendre.

DOLIGNI *pere.*

Projets de femme ! Autant en emporte le vent.

Son mari m'a promis de t'accorder sa fille ;
Il va la ramener au sein de sa famille :
Tiens ton cœur & ta main tout prêts à se donner.

DOLIGNI fils.

Cet ordre rigoureux a de quoi m'étonner.
        Permettez que je vous remontre....

DOLIGNI pere.

Doligni, laissons là des débats importuns.
Tu vas me débiter les mêmes lieux communs.
Qu'autrefois nous avons en pareille rencontre
Chacun de pere en fils employés comme toi.
Va, j'ai passé par-là, tu feras comme moi.

DOLINI fils.

Et si j'aimois ailleurs ?

DOLIGNI pere.

        Ma foi tant pis pour elle.
Il faudroit, en ce cas, devenir infidelle.

DOLIGNI fils.

Ce n'est donc pas pour moi que vous me mariez ?

DOLIGNI pere.

    Pour qui donc ?

DOLIGNI fils.

        Je le croirois presque ;
J'ai compté faire un choix que vous aprouveriez.

DOLIGNI pere.

L'amour dans un jeune homme est toujours roma-
   nesque.
J'aurois été moi-même assez extravagant
Pour épouser aussi ma premiére amourette,
Si l'on n'eût retenu ma jeunesse indiscrette.

DOLIGNI fils.

Mais je ne connois point Mademoiselle Argant.

DOLIGNI pere.

Ni moi : mais elle aura vingt mille écus de rente.

DOLIGNI fils.

    Hé, quand elle en auroit quarante !

D O L I G N I *pere.*

Ce seroit encor mieux.

D O L I G N I *fils.*

N'avez-vous pas du bien.

D O L I G N I *pere.*

Il le faut augmenter ; sinon il vient à rien.

D O L I G N I *fils.*

J'ignore comme elle est d'esprit & de figure.

D O L I G N I *pere.*

Elle est riche. A l'égard de l'esprit, je t'assure
Qu'une femme à la longue en a toujours assez
Elle est jeune, au surplus ; & tout ce que j'en sçais
C'est qu'à quinze ou seize ans on est du moins jolie.

D O L I G N I *fils.*

Qui sçait si le raport d'humeurs....

D O L I G N I *pere.*

Autre folie.

En tout cas, tu seras comme les autres font.
Qui s'embarque, est-il sûr de faire un bon voyage ?
A quoi sert l'examen avant le mariage ?
A rien. Ce n'est qu'après qu'on se connoit à fond.
Las de se composer avec un soin extrême
Le naturel caché prend alors le dessus ;
Le masque tombe de lui-même,
Et malheureusement on ne le reprend plus :
Mais enfin le bien reste ; & cet ami fidèle,
Sans compter quelquefois la raison qui s'en mêle,
Entre époux qui pourroient se brouiller sans retour,
Sert de médiateur au défaut de l'amour.

D O L I G N I *fils.*

Il cessera d'être inflexible.

SCENE II.

ROSETTE, DOLIGNI pere. DOLIGNI fils.

DOLIGNI pere.

C'Est Rosette !
ROSETTE.
Monsieur, ma Maîtresse est visible.
DOLIGNI pere.
Bon. Et Monsieur Argant n'arrive donc jamais ?
L'œil du Maître est pourtant chez lui fort necessaire.
ROSETTE.
On l'attend tous les jours.
DOLIGNI pere.
Voilà bien des délais !
ROSETTE.
C'est qu'un mari, pour l'ordinaire,
N'est jamais si pressé de retourner chez lui.
Quoi qu'il en soit, on dit qu'il revient aujourd'hui.
DOLIGNI pere.
Tant mieux, j'en ai l'ame ravie.
C'est le meilleur ami que j'aye eu de ma vie.
Mais allons voir sa femme, & lui faire ma cour.
Doligni, tout est dit. Adieu, jusqu'au retour.

SCENE III.

DOLIGNI *fils*, ROSETTE.

DOLIGNI *fils*.

[*à part.*]
IL m'aime, je le fçais ; c'eſt ſur quoi je me fonde.
ROSETTE.
Qu'eſt-ce ? Vous n'êtes pas le plus content du monde ?
DOLIGNI *fils*.
C'eſt que je viens d'avoir un entretien fâcheux.
ROSETTE.
Ceux d'un pere & d'un fils ſont toujours orageux.
DOLIGNI *fils*.
J'aime ; & mon pere veut que j'en épouſe une autre.
ROSETTE.
Il a tort : & ſon goût devroit ſuivre le vôtre.
DOLIGNI *fils*.
Ce n'eſt pas ce qui doit m'embarraſſer le plus.
Il s'agit de mes feux. Comment ſont-ils reçus ?
Marianne ayant mis en toi ſa confiance.....
ROSETTE.
Que concluez-vous de cela ?
DOLIGNI *fils*.
Si j'ai plû, tu le ſçais.
ROSETTE.
Mauvaiſe conſéquence !
Nous ne vous faiſons point ces confidences-là.
Voyez donc !
DOLIGNI *fils*.
Eh que diantre avez-vous à nous dire,
Si l'amour & les cœurs ſoumis à votre empire

De tous vos entretiens ne font pas le fujet?
ROSETTE.
Oh! ce n'eft pas comme vous autres.
Vous avez vos propos, & nous avons les nôtres.
DOLIGNI *fils*.
Sur quoi roulent-ils donc, & quel en eft l'objet?
ROSETTE.
Une mode, une étoffe, une robe nouvelle,
Des gazes, des pompons, des fleurs, une dentelle,
Sont d'abord des fujets qui ne tariffent point.
Quand on eft en gayeté, quelquefois on y joint
Des hiftoriettes de fille,
Des contes de Convent. Enfin, que fçais-je, moi:
On parle, on caufe; on jafe on caquette, on babille,
Et l'on rit bien fouvent fans trop fçavoir pourquoi.
DOLIGNI *fils*.
Non, jamais on n'a vû de fille fi difcrette.
ROSETTE.
Je ferts d'exception.
DOLIGNI *fils*.
Sois un peu moins fecrette.
Le Marquis, par hazard, n'eft il point mon Rival?
ROSETTE.
Qui, lui?
DOLIGNI *fils*.
Sa Coufine eft fi belle!...
Il fait profeffion d'être un galant banal.
Il peut s'être avifé d'employer auprès d'elle
Ses talens féducteurs.
ROSETTE.
Ils ne produiroient rien.
DOLIGNI *fils*.
Ses fuccès ont cent fois couronné fon adreffe.
Il ne poffède que trop bien
L'art de rendre fenfible à fa facile tendreffe:
Et tant de cœurs conquis bien ou mal-à-propos,
Troublent le peu de poir qui pouvoit me féduire.

ROSETTE.

Comment, vous érigez ce Marquis en Héros ?

DOLIGNI *fils.*

Comment puis-je en effet balancer, ou détruire
       Tant d'avantages vrais ou faux ?
       Mon malheureux amour m'éclaire.
       Il ne faut que chercher à plaire
       Pour connoître tous ses défauts.
       Peut-être à tort je la soupçonne ;
       Mais pour une jeune personne
L'hommage du Marquis est bien éblouïssant.
       Plaise à l'Amour que je m'abuse ! —

ROSETTE.

       Il est vrai que l'on nous accuse.
       D'aporter toutes en naissant
Ce malheureux levain de la coquetterie,
Et ce goût effréné pour la galanterie.
Nous pourrions à bon titre en dire autant de vous.
Mais, sans récriminer, croyez que parmi nous
Il est encor des cœurs digne d'un honnête homme.
D'ailleurs, en vains soupçons votre esprit se con-
       somme,
Le Marquis choisit mieux.

DOLIGNI *fils.*

       Eh, peut-il mieux choisir ?

ROSETTE.

Marianne est sans doute extrêmement aimable :
La bonté de son cœur la rend inestimable.
C'est un trésor : heureux qui pourra s'en saisir !
Mais enfin par vous seul en silence adorée,
       Marianne est presque ignorée
On ne la connoit point à la Ville, à la Cour :
Et les Gens du bel air ne rendent point les armes,
Si la célébrité n'est jointe avec le charme.
Chez eux, la gloire a pris la place de l'amour.
Tel est ce cher Marquis d'impression nouvelle.
Un des plus grands travers qui troublent sa cervelle,

C'eft qu'aucune Beauté ne fçauroit le tenter
Qu'autant qu'elle eft de mode, & qu'il voit autour
    d'elle
La cour la plus brillante. Il aime à fuplanter.
Plus le concours eft grand, plus il la trouve belle.
Auffi, pour parvenir jufqu'au suprême honneur
De l'avoir fur fon compte, il n'eft rien qu'il n'em-
    ploye.
En un mot, ce qui fait fa gloire & fon bonheur,
C'eft l'oprobre éclatant dont il couvre fa proye,
Et la rage qu'il porte au fein de fes Rivaux.
Voilà le feul exploit digne de fes travaux.

DOLIGNI fils.

Quels travers! car il a de l'efprit, ce me femble ;

ROSETTE.

L'efprit & le bon fens vont rarement enfemble :

DOLIGNI fils.

Tout ce que tu me dis, ne me raffure pas.

ROSETTE.

Parlez-lui donc vous-même, il tourne ici fes pas.

S C E N E I V.

LE MARQUIS, D'OLIGNI *fils*, ROSETTE.

LE MARQUIS.

EH bon jour, Doligni… parbleu, que je t'embrasse !

ROSETTE *à part.*

Ces embraffades-là font auffi du bel air.

LE MARQUIS.

Qu'eft ce donc? mon abord te trouble! il t'embaraffe!
[*Regardant Rofette.*]
J'en vois la caufe. Allons, raffure-toi, mon cher ;
Je fais profeffion d'être un Rival commode :
        Avant qu'il foit peu, dans Paris,
        Je veux en amener la mode,
Et mettre les Amans fur le pied des Maris.
Elle n'eft pas fi mal au moins !

DOLIGNI *fils.*

                        Ceffe de rire ;
Je parlois à Rofette.

LE MARQUIS.

                Un honnête homme aura
        Toujours quelque chofe à lui dire.

DOLIGNI *fils.*

Il faut te l'avouer.

LE MARQUIS.

                Tout comme il te plaira.
[*Rofette hauffe l'épaule.*]
Tiens, Rofette rougit ; elle te fait un figne.

ROSETTE.

Notre entretien rouloit fur un fujet plus digne.
                            H 5.

DOLIGNI *fils.*

C'étoit fur Marianne.

LE MARQUIS.

Ah, tu fais le difcret !
Quand on eft tête-à-tête avec elle en fecret,
Il eft bien mal-aifé de lui parler d'une autre ;
Il n'eft perfonne alors qu'on ne doive oublier.

ROSETTE.

Point de Panégirique, ou je ferai le vôtre.
Ne cherchons point tous deux à nous humilier.
Tréve entre-nous de gentilleffe.
Si Madame vous croit un Eftre fi parfait,
Hé bien, à la bonne-heure, elle eft fort la Maîtreffe.
Elle peut vous gâter comme elle a toujours fait :
Mais comme je n'ai pas la même yvreffe qu'elle,
Je pourrois m'égayer aux dépens des Railleurs :
Ainfi, Monfieur, cherchez vos paffe-tems ailleurs.

LE MARQUIS.

Quand Rofette fe fâche, elle eft encor plus belle.

ROSETTE.

Finiffez mon éloge, & me laiffez en paix.

LE MARQUIS.

Puifque tu fais femblant de le trouver mauvais,
Je ne poufferai pas à bout ta modeftie.
La petite Coufine étoit donc entre vous
Le fujet prétendu d'un entretien fi doux ?

DOLIGNI *fils.*

Et vous auffi.

LE MARQUIS.

Qui moi, j'étois de la partie ?

ROSETTE.

Eh vraiment oui ; Monfieur en eft fort amoureux.

LE MARQUIS.

Ah, ah !

ROSETTE.

Comme il vous croit un Rival dangereux.
(Car pour ce que l'on aime, on a peur de fon ombre)

Il me communiquoit la crainte & fon erreur.
Il ne pourroit voir fans terreur
Que vous fuffiez auffi du nombre
De ceux que Marianne a foumis à fes loix.

LE MARQUIS.

Eft-il vrai, Doligni ?

DOLIGNI *fils*.

Mais fi j'avois le choix,
J'aimerois mieux ailleurs te voir rendre les armes.

LE MARQUIS.

C'eft être en ma faveur un peu trop prévenu.

[*A Rofette.*]

Eh, que lui difois-tu pour calmer fes alarmes ?

ROSETTE.

Mais, nous en étions-là quand vous êtes venu ;
Et j'allois à peu près lui dire ce me femble,
Qu'il ne peut fe fonder aucune liaifon
Entre deux cœurs qui n'ont enfemble
Aucun de ces raports qu'exige la raifon.
Il faut fçavoir nous vaincre avec nos propres armes.
S'il fe forme entre Amans de ces nœuds pleins de
charmes
Que l'Amour & le tems ne font que redoubler,
L'Etoile n'y fait rien ; voilà tout le myftére ;
C'eft qu'au moins par le cœur & par le caractére,
Il faut un peu fe reffembler.
Venons à Marianne.

LE MARQUIS.

Elle eft d'une figure
A faire dans le monde un jour bien du fracas.

ROSETTE.

Sans doute : & cependant elle n'en fera pas.

LE MARQUIS.

Pourquoi ce malheureux augure ?
Et d'où diable le tires-tu ?

ROSETTE.

Le bon fens fut toujours ami de la vertu.

Malgré le train qui régne en ce siécle incommode,
Marianne suivra celui du bon vieux tems,
Et ne prendra jamais ces travers éclatans
Qu'il faut avoir pour être une femme à la mode.
J'ai dit. Vous entendez cet avis indirect.
Pardonnez, au surplus, si dans cette occurrence
Je n'ai pas eu pour vous le plus profond respect :
J'y rentre, & je vous fais mon humble révérence.

SCENE V.

LE MARQUIS, DOLIGNI *fils*.

LE MARQUIS.

Elle a le caquet amusant ;
Mais elle a l'esprit faux.
DOLIGNI *fils*.
Pas tant. Mais à present
Parlons de Marianne.
LE MARQUIS.
Elle est plus que jolie.
DOLIGNI *fils*.
Elle a, comme tu sçais, tout ce qui peut charmer,
Marquis, l'aimerois tu ?
LE MARQUIS.
Qu'entends-tu par aimer ?
DOLIGNI *fils*.
Plait-il ?
LE MARQUIS.
Expliquons-nous.
DOLIGNI *fils*.
Quelle est cette folie ?

Ce mot est plus clair que le jour.
Parbleu, c'est ce qu'on sent pour l'objet qu'on adore.
Aimer.... c'est avoir de l'amour.
C'est....

LE MARQUIS.
Est-ce que l'on aime encore ?

DOLIGNI *fils.*
Est-ce qu'on n'aime plus ?

LE MARQUIS.
De quel Païs viens-tu ?

DOLIGNI *fils.*
Du Païs où l'on aime.

LE MARQUIS.
Où diantre as-tu vécu ?

DOLIGNI *fils.*
Quelle extravagance est la vôtre !
Vous croiriez qu'il n'est point de véritable amour ?

LE MARQUIS.
De véritable amour ! A l'autre !
Non, je n'en vis jamais à la Ville, à la Cour ;
Et si j'ai beaucoup vû, mais beaucoup,

DOLIGNI *fils, à part.*
Quelle tête !
Quant à moi, je soutiens sans me faire de fête,
Qu'on aime, & que sans doute on aimera toujours.
Le monde est plein d'Amans, il s'en fait tous les
jours...

LE MARQUIS.
Que le goût des plaisirs, la fortune, la gloire,
L'intérêt, l'amour propre, & semblables raisons
Engagent à former entr'eux des liaisons
Qui n'ont rien de l'amour que le nom.

DOLIGNI *fils.*
J'ose croire
Qu'il en est dont le cœur est vraiment enflâmé.

LE MARQUIS.
Dis que l'on feint d'aimer, & se se croire aimé.

DOLIGNI *fils.*

Mais Marianne a-t'elle attiré votre hommage?

LE MARQUIS.

Mais, tout comme d'une autre, on peut s'en amuser.

DOLIGNI *fils.*

Ha! feindre de l'aimer, c'est lui faire un outrage.
Et si son cœur alloit se laisser abuser?

LE MARQUIS.

Hé bien, le pis aller, est-ce un si grand dommage?

DOLIGNI *fils.*

Comment, vous ne feriez semblant de l'adorer
Que pour le seul plaisir de la deshonorer
        Et d'en rire après son naufrage?
Ah, Marquis, quel projet! quelle malignité!
Si vous réussissez dans cette indignité,
A vos remords un jour craignez d'en rendre compte.
Croyez que tôt ou tard ils ne pardonnent rien.
Renoncez à la gloire, ou plûtôt à la honte
D'établir votre honneur sur les débris du sien.

LE MARQUIS.

Le monde a cependant des maximes contraires.

DOLIGNI *fils.*

Oui, l'on s'y fait un jeu d'un crime accrédité.
        Eh, que devient la probité?

LE MARQUIS.

Elle n'est point requise en ces sortes d'affaires.
L'usage & la nature, en faveur des plaisirs,
En ont toujours banni jusqu'au moindre scrupule.
Il s'agit d'arriver au but de ses desirs:
La morale y joueroit un rôle ridicule.

DOLIGNI *fils.*

Par ma foi, ce systême est plein d'absurditez.
C'est un assassinat que vous préméditez.

LE MARQUIS.

Tu seras en amour une excellente dupe.
Mais, pour me réjouir, je t'attendois exprès:
Marianne, aujourd'hui, n'est point ce qui m'occupe.

Laissons-là marier ; & nous verrons après.
D O L I G N I fils.
La confidence est fort honnête.
L E   M A R Q U I S.
Quant-à-present, j'aspire à certaine conquête,
Dont je fais un peu plus d'état.
Mon choix va t'étonner ; mais prête-moi l'oreille.
Doligni, tu connois cette jeune merveille
Qui remplit tout Paris de son nouvel éclat.
D O L I G N I fils.
La célébre Arthénice.
L E   M A R Q U I S.
Oui ; ce n'est qu'elle-même.
D O L I G N I fils.
Hé bien?
L E   M A R Q U I S.
Hé bien.
D O L I G N I fils.
J'entends. Ma surprise est extrême,
D'autant plus qu'elle est fine, & que jusques ici
De mille & mille Amans pas un n'a réussi.
L E   M A R Q U I S.
Parbleu, je le crois bien … Dispense-moi du reste.
D O L I G N I fils.
Fort bien.
L E   M A R Q U I S.
Il faut être modeste.
D O L I G N I fils.
Comment fais-tu pour plaire? Est-ce un don? Est-ce
un art !
Mais enseigne-moi donc.
L E   M A R Q U I S.
On peut t'en faire part.
Si tu veux recevoir quelque avis salutaire,
Tu t'en trouveras mieux à toutes les façons.
D O L I G N I fils.
Je sens tout le besoin que j'ai de tes leçons,

LE MARQUIS.

Il ne faut que refondre un peu ton caractére.

DOLIGNI *fils.*

Mais vraiment j'y confens.

LE MARQUIS.

                   Ton défaut capital

Est l'embarras fubit, le trouble machinal
Qui fans nulle raifon te faifit & te glace,
Si-tôt qu'on te regarde, ou qu'on te parle en face.
Crois-moi, tombe plûtôt dans l'autre extrêmité:
Rien ne fait plus de tort que la timidité.
Avec elle, par-tout, on eft hors de fa place;
Elle fufpend, arréte, & fixe les refforts
De la langue, des yeux, de l'efprit & du corps:
Elle en ôte l'ufage; elle en ôte la grace;
Sur tout ce que l'on dit, fur tout ce que l'on fait,
Elle répand un air gauche, épais & ftupide.
Tel qu'on prend pour un fot, parce qu'il eft timide,
Auroit dequoi paffer pour un homme parfait.
Mais ce n'eft pas-là tout. Et fi tu te propofes
               D'avoir des fuccès éclatans,
Il te faut bien encor d'autres métamorphofes.
Il te manque le ton, l'air & les mœurs du tems:
Le monde où tu vas vivre exige, entr'autres chofes,
Qu'on foit plus amufant que folide & fenfé.
Tu ne fçaurois parler qu'après avoir penfé.
Tu raifonnes toujours, & jamais tu ne caufes:
Déraifonne, morbleu, plûtôt que d'ennuyer:
Un peu moins de bon fens, & plus de badinage.
Un homme qui diffère eft un homme à noyer.
La raifon que tu crois un fi bel apanage,
Fut toujours le fléau de la Société:
Elle en chaffe les ris, les jeux & la gayeté;
Elle y met, à leur place, une langueur mortelle:
            On la vante mal à-propos;
Quand on a de l'efprit, on peut fe paffer d'elle:
La raifon, tout au-plus, ne convient qu'à des fots.

DOLIGNI *fils.*

Tu traites la raison d'une maniére étrange.

LE MARQUIS.

J'en suis bien revenu ; je ne prends plus le change.

DOLIGNI *fils.*

Il y paroit.

LE MARQUIS.

Pour toi, tâche de profiter.
Je ne me cite pas ; mais on peut m'imiter.

DOLIGNI *fils.*

Quelqu'un vient.

LE MARQUIS.

C'est la Fleur.

DOLIGNI *fils.*

Adieu, je me retire.

LE MARQUIS.

Sur ce que je t'ai dit, fais tes réflexions.

SCENE VI.

LA FLEUR, LE MARQUIS.

LA FLEUR.

Oui !

LE MARQUIS.

Hé bien, mes Commissions ?

LA FLEUR.

Oh ! palsambleu, Monsieur, souffrez que je respire ;
Si vous continuez ainsi, vous me tuerez.

LE MARQUIS.

Il est vrai qu'avec moi la fatigue est extrême.

LA FLEUR.

Vous autres, que Dieu fit pour être voiturez ;
Vous allez à votre aise, & vous parlez de même.
Il n'en est pas ainsi des malheureux Piétons.

LE MARQUIS.

Reste en place, respire ; & point de ces Dictons.

LA FLEUR.

Morbleu, je suis bien las de ces Courses maudites.

LE MARQUIS.

Quels Papiers tiens-tu là ?

LA FLEUR.

La Liste des visites.

LE MARQUIS.

J'ai vû celle d'hier.

LA FLEUR.

Elle est de ce matin.

LE MARQUIS.

Bon.

LA FLEUR.

Demandez au Suisse ; oui, rien n'est plus certain.

LE MARQUIS.

Eh mais, la matinée est un tems solitaire.

LA FLEUR.

Il est certaines gens, pour certaine raison,
Qui vont dès le matin.

LE MARQUIS.

Lis.

LA FLEUR.

Le Propriétaire
De votre petite maison.

LE MARQUIS.

Fort bien !

LA FLEUR.

Le Tapissier.

LE MARQUIS.

Oui-dà !

LA FLEUR.

Le Traiteur.

LE MARQUIS.

Peste!

LA FLEUR.

Le Loüeur de Carrosse.

LE MARQUIS,

Après ?

LA FLEUR.

Ainsi du reste.

LE MARQUIS.

Ces Messieurs sont venus ?

LA FLEUR.

Non pas eux, mais leurs gens.

LE MARQUIS.

Ces gens ont-ils des gens ?

LA FLEUR.

Leurs gens sont des Sergens,
Et voici, Monsieur, de leur Prose,
Et de leurs Billets doux.

LE MARQUIS.

Tant mieux.

[*Il chante.*]

Je n'en ai jamais vû. Contentez-vous, mes yeux...

LA FLEUR.

Chantez, c'est bien prendre la chose.

LE MARQUIS *en lui rendant les papiers.*

Tiens, fais-en ton profit.

LA FLEUR.

Beau diable de profit !

LE MARQUIS.

D'ailleurs, chez Arthémice as-tu sçû t'introduire ?

LA FLEUR.

Plus invisiblement que n'eût fait un Esprit.

LE MARQUIS,

Comment se porte-t'on ?

LA FLEUR.

Bien.

LE MARQUIS.

Daigne un peu m'inftruire.

Comment a-t'on reçû les Bijoux?

LA FLEUR.

Mal.

LE MARQUIS.

Pourquoi?

LA FLEUR.

C'eft qu'il n'étoit pas jour chez elle;
Et qu'ainfi je n'ai pû voir que la Demoifelle.
Ce n'eft pas là mon compte, à moi.

LE MARQUIS.

J'entens, & je t'enjoins de ne jamais rien prendre.

LA FLEUR.

Quoi, pas même, Monfieur, ce qu'on me donnera?

LE MARQUIS.

Non; ou bien tu verras ce qui t'arrivera.

LA FLEUR à part.

Ah! ce ne feroit pas de rendre.

[haut.]

On va la marier.

LE MARQUIS.

Tout de bon?

LA FLEUR.

Tout-à-fait;

A ce Baron qui la pourchaffe:
Il prétend, dès demain, que la nôce fe faffe.

LE MARQUIS.

Bon!

LA FLEUR.

Un petit Billet vous mettra mieux au fait.

LE MARQUIS rivant.

[à la Fleur qui rit.]

De quoi ris-tu? Dis donc.

LA FLEUR.

D'un tour assez falot.
Dont la suivante d'Arthénice
Vient, à votre sujet, de régaler un sot.
J'étois dans l'Antichambre à causer avec elle,
En tout bien, tout honneur.

LE MARQUIS.

Eh ! tâche d'abréger.

LA FLEUR.

Nous parlions d'amitié, quand la fausse femelle
A pensé me dévisager.
» Va-t'en (m'a-t'elle dit) au Diable avec ton Maître.
» Depuis assez long-tems, il a dû reconnoître
» Qu'il prend un inutile soin.
» Ma Maîtresse n'en veut, ni de près, ni de loin.
Alors, tout ébaubi, j'ai détourné la tête ;
C'est que le vieux Baron lui-même, à pas de loup,
Venoit d'arriver tout-à-coup,
Qui mordant à la grappe, & d'un air tout honnête,
Accompagné pourtant d'un geste Cavalier,
M'a flatté, si jamais le hazard me raméne,
Qu'il auroit la bonté de m'épargner la peine
De descendre par l'escalier.

LE MARQUIS.

Je voudrois qu'il osât te faire cette grace.

LA FLEUR.

Eh, non pas, s'il vous plait ; souffrez que je m'en
passe.
J'ai volé chez Michel, & de-là chez Passeau.
J'ai vû vos deux habits ; ma foi, rien n'est si beau ;
Je ne crois pas qu'on puisse en avoir de plus leste.
Après, j'ai, sans aucun délai,
Eté chez la Duchapt, & puis chez la Boutrai :
Leurs filles sont après à garnir vos deux vestes ;
L'une est en petit jaune, & l'autre en petit bleu.

LE MARQUIS.

Les aurai-je bien-tôt ?

LA FLEUR.
Vous les aurez dans peu;
Mais l'argent à la main.
LE MARQUIS.
Ou Mons la Fleur est yvre,
Ou ces gens font devenus foux.
Parbleu, je ferois bien, pour leur aprendre à vivre,
De ne m'en plus fervir.
LA FLEUR.
C'eft ce qu'ils difent tous,
Par l'homme en queftion j'ai fini mes meflages,
Seriez-vous aflez fou pour en tâter encor ?
LE MARQUIS.
Aurai-je de l'argent ?
LA FLEUR.
Oui, mais au poids de l'or.
Il demande un Billet du triple, & de bons gages.
LE MARQUIS.
Mais il en a déja pour plus que je ne dois.
LA FLEUR.
Faute de les avoir retirez dans le mois,
Ils lui font dévolus. Ignorez-vous l'ufage ?
LE MARQUIS.
N'importe. J'ai befoin, en un mot comme en cent,
De deux mille louis.
LA FLEUR.
Quel befoin fi preffans
En peuvez-vous avoir ?
LE MARQUIS.
Eft-ce donc qu'à mon âge
Il n'eft pas naturel de chercher à jouir ?
LA FLEUR.
Sans être libertin, on peut fe réjouir.
LE MARQUIS.
Comment donc libertin ? Le fuis-je ?
LA FLEUR.
Ah ! mon cher Maître,

Vous l'êtes beaucoup plus, en croyant ne pas l'être.
LE MARQUIS.
Mais encore en quoi donc ? Dis-le moi , j'y confens.
LA FLEUR.
Et parbleu , tout vous fuit à la fois ; fomme toute,
Rien n'y manque , le vin , le jeu , l'amour.
LE MARQUIS.
        Sans doute;
Et ne font-ce pas-là des plaifirs innocens ?
LA FLEUR.
   Vous les menez un train de chaffe ;
Et vous indifpofez le Public contre vous.
LE MARQUIS.
Ah ! s'il a de l'humeur , que veux-tu que j'y faffe ?
   Peut-on empêcher les jaloux ?
   Crois-moi , va , je connois le monde ;
On n'y blâme que ceux qu'on voudroit imiter.
LA FLEUR.
En faux raifonnemens , votre morale aborde.
Mais encore une fois , fcachez vous limiter.
Si vous ne changez pas tout-à-fait de conduite ,
Empêchez que du moins on n'en parle en tous lieux,
Madame votre mere en pourroit être inftruite.
Elle a beau vous aimer , elle ouvrira les yeux.
Vous avez une fœur , qu'elle vous facrifie :
   Songez-y ; je vous fignifie
Qu'elle pourroit fort bien la tirer du Convent ,
Pour lui faire avec vous partager l'héritage ,
   Et peut-être encor davantage.
Vous fçavez que Monfieur l'en preffe affez fouvent?
LE MARQUIS.
Eh , ventrebleu , va-t'en faire un tour à l'office ,
Et rêver en buvant aux moyens les plus prompts
De refaire ma bourfe & de me mettre en fonds.
Le vin te fournira quelque heureux artifice.
LA FLEUR.
Pour boire , je boirai.

LE MARQUIS.
Va donc, sois diligent.
LA FLEUR.
Je l'entends un peu mieux que tout autre négoce.
LE MARQUIS.
A tel prix que ce soit , il me faut de l'argent.
LA FLEUR.
S'il venoit en buvant je roulerois Carrosse.

Fin du premier Acte.

ACTE II.

SCENE PREMIERE.

Mad. ARGANT, ROSETTE.

Mad. ARGANT.

LE Marquis viendra-t'il ?
ROSETTE.
Un peu de patience.
Je l'ai fait avertir ; il ne tardera pas.
A quelques importuns qui retardent ses pas
Il acheve à present de donner audience.
Mad. ARGANT.
Ah, Rosette !
ROSETTE.
Comment, qui vous fait soupirer ?
Mad. ARGANT.
Mon fils.
ROSETTE.
En quoi, Madame, y peut-il conspirer ?
N'êtes-vous pas toujours la plus heureuse mere ?
Mad. ARGANT.
Je crains que ce bonheur ne soit qu'une chimére.
ROSETTE.
De la part du Marquis, que s'est-il donc passé ?
Vous seroit-il moins cher ?
Mad. ARGANT.
Je rougis de le dire ;
Mon amour va pour lui toujours jusqu'au delire.

ROSETTE.
L'excès en est permis, quand il est bien placé.
Mad. ARGANT.
Eh ! qui me répondra que mon fils le mérite ?
ROSETTE à part.
Ma foi , ce n'est pas moi. N'allons pas à l'apui
D'un accès de raison qui passera bien vite.
[haut.]
Qu'avez-vous découvert qui vous déplaise en lui ?
Il me semble pourtant qu'il est toujours de même.
Mad. ARGANT.
C'est de quoi je me plains.
ROSETTE.
Ma surprise est extrême,
Eh ! peut-il être mieux , sans y perdre ? Il est bien.
[à part.]
S'il cessoit d'être un fat, il ne seroit plus rien.
[haut.]
Madame , dépouillons les préjugez vulgaires.
Mad. ARGANT.
Il a bien des défauts, ou je me trompe fort.
ROSETTE.
S'il a quelques défauts, ils lui sont nécessaires.
Mad. ARGANT.
Comment ?
ROSETTE.
Je le soutiens , & nous serons d'accord.
Quoi ! trouvez-vous mauvais qu'il soit l'homme de
    France
Qui sçait le mieux choisir une étoffe de goût ,
Qui s'habille & se met avec une élégance
Qu'on cherche à copier , sans en venir à bout ?
Lui reprocheriez-vous , dans l'humeur où vous êtes,
Qu'il aime un peu le luxe & la frivolité ?
Qu'il cherche à ressembler aux gens de qualité ?
Qu'il aime le plaisir , & contracte des dettes ?
Eh ! n'en voulez-vous pas faire un homme de Cour ?

Mad. ARGANT.

C'eſt le projet flatteur qu'a formé mon amour.

ROSETTE.

Ne vous plaignez donc point.

Mad. ARGANT

Mais es-tu bien certaine....

ROSETTE.

Il ira loin. Pour moi, je n'en ſuis point en peine.

Mad. ARGANT.

J'en accepte l'augure..... A propos de cela ;
Conçois-tu mon mari ?

ROSETTE.

La demande eſt nouvelle !
Eſt-ce qu'on peut jamais concevoir ces gens-là ?

Mad. ARGANT.

Son obſtination me paroît bien cruelle.

ROSETTE..

Oui, ſa prévention contre un fils ſi bien né...

Mad. ARGANT.

Eſt le premier chagrin qu'il m'ait jamais donné.

ROSETTE.

Ce n'eſt que depuis peu que ſon humeur varie.
Qu'il a des volontez, & qu'il vous contrarie.
Il lui ſied bien, en vérité :
Il faudroit arrêter cette témérité....
Mais vous auriez la paix, ſi, pour le ſatisfaire,
(Aux dépens du Marquis, s'entend,)
Vous vouliez retirer, ainſi qu'il le prétend,
Votre fille du Cloitre.

Mad. ARGANT.

Il eſt vrai.

ROSETTE.

Pourquoi faire ?
Pour priver le Marquis de la moitié du bien ?

Mad. ARGANT.

Et m'empêcher par-là de faire un mariage
Où je vois, pour mon fils, le plus grand avantage.

ROSETTE.

Affaire de ménage, où l'homme n'entend rien!
Votre dessein n'est pas de l'en laisser le maître!

Mad. ARGANT.

Non vraiment ; si cela peut-être,
Je prétends que mon fils ait un brillant état.
Je veux, par les grands biens qui sont en ma puis-
fance,
Supléer au défaut d'une illustre naissance,
Et que dans le grand monde il vive avec éclat.

ROSETTE.

Rien n'est plus naturel qu'un si grand sacrifice.
Ce projet vous est cher ; vous l'avez résolu.
Il faut bien, à son tour, que Monsieur obéisse.
Vous n'avez que trop fait tout ce qu'il a voulu.
Il en contracteroit l'habitude importune.
C'est bien assez d'avoir reçû, dans la maison,
Cette Niéce Orpheline & presque sans fortune,
Qu'il vous fit accueillir, par la seule raison
Qu'elle porte son nom. [a part]. Notez, par apostille,
Qu'elle reçoit sa Niéce & refuse sa fille.

Mad. ARGANT.

Qᵉ e dis-tu ?

ROSETTE.

Que c'est vous montrer
La tante la meilleure & la plus généreuse
Qu'on puisse jamais rencontrer.

Mad. ARGANT.

Voilà mon fils.

ROSETTE.

Déja l'Avanture est heureuse !

Mad. ARGANT.

Qu'il est mis agréablement !

SCENE II.

LE MARQUIS, Mad. ARGANT, ROSETTE.

LE MARQUIS.

JE me jette à vos pieds. Je suis réellement
Outré, désespéré de m'être fait attendre.
Je devois tout quirter, & ne point m'amuser.
[*Il lui baise la main.*]
Me pardonnerez-vous ?

ROSETTE *à part.*

Ah, comme il sçait la prendre !

Mad. ARGANT.

Rosette a sçû vous excuser.

LE MARQUIS.

Rosette ?

ROSETTE.

Moi, Madame ?

Mad. ARGANT.

Oui, soyez content d'elle :
Cette fille vous aime.

LE MARQUIS.

Elle me connoît bien.

Mad. ARGANT *à Rosette.*

Va, compte qu'il sçaura récompenser ton zèle.

ROSETTE.

[*à part.*]
Oui-dà !

Mad. ARGANT.

Mais laisse-nous un moment d'entretien.

I 3

SCENE III.

Mad. ARGANT, LE MARQUIS.

Mad. ARGANT.

J'Aurois à vous parler.

LE MARQUIS.

Vous serez mieux assise.

Mad. ARGANT.

Il n'en est pas besoin; restez.
J'exigerois de vous une entiére franchise.

LE MARQUIS.

Mon cœur vous est ouvert.

Mad. ARGANT.

Vous me la promettez.

LE MARQUIS.

Dans la sincérité mon ame est affermie;
J'en fais profession, & sur tout avec vous.

Mad. ARGANT.

Votre mere ne veut être que votre amie.

LE MARQUIS.

C'est unir à la fois les titres les plus doux.

Mad. ARGANT.

A votre âge, mon fils, & fait comme vous êtes,
Recevant dans le monde un accueil enchanteur,
On a dû vous dresser mille embuches secrettes,
Pour obtenir de vous un hommage flatteur.
Quand vous auriez cédé, par goût ou par foiblesse,
J'excuserois votre jeunesse;
Je fermerois les yeux. Parlez-moi franchement.
Vous pâlez pour avoir un tendre attachement.

C'est une beauté rare, & qu'on m'a fort vantée ;
Mais à qui votre fort ne peut pas être joint....
Vous rougissez, mon fils, & ne répondez point,
Si votre ame, un peu trop enchantée,
Ne peut abandonner ce dangereux vainqueur,
J'attendrai que le tems vous rende votre cœur,
Et vous mette en état d'entrer fans répugnance
Dans des projets, pour vous, formez dès votre enfance.
Et que, jusqu'à ce jour, je n'ai point négligez.

LE MARQUIS.

Ah ! vous méritez tout ce que vous exigez :
Oui, l'on vous a dit vrai : mais foyez plus tranquile.
C'est un amusement frivole & paffager,
Que mon cœur, fans vouloir autrement s'engager.
        S'est fait depuis peu par la ville ;
Seulement pour remplir un loisir inutile.
Pareil attachement... (Si pourtant c'en est un)
Ne tient qu'autant qu'on veut, la rupture est facile ;
        Rien n'est plus simple & plus commun.
De semblables Romans n'ont pas pour Héroïnes.
        Des personnes affez divines,
Pour fixer, fans retour, ceux qui leur font l'honneur
        D'offrir quelque encens à leurs charmes,
C'est l'efpoir assuré d'un facile bonheur
Qui fait que s'abaisse à leur rendre les armes,
Elles n'allument point de véritables feux ;
Et l'on est leur Amant, fans en être amoureux.

Mad. ARGANT.

        Que le mépris que vous en faites
Augmente mon estime, & mon amour pour vous !
Ah ! mon fils, pardonnez mes frayeurs indifcrettes.
Votre établissement est l'objet le plus doux
        Que ma tendresse fe propofe ;
        Et j'y travaille utilement.

LE MARQUIS.

Et c'est fur vous auffi que mon cœur s'en repofe.

I 4

Mad. A R G A N T.

J'ai de l'ambition ; mais pour vous feulement.

LE MARQUIS.

Que ne vous dois-je pas !

Mad. A R G A N T.

Ecoutez, je vous prie.
Vous aurez tout mon bien, je vous l'ai deftiné.
Mais ce n'eft pas affez ; & vous n'êtes pas né
Pour vivre & pour paffer fimplement votre vie
Dans l'indolente orfiveté
D'une opulente obfcurité.

LE MARQUIS.

Ce n'eft pas-là mon plan.

Mad. A R G A N T.

Je ne fais aucun doute.
Que vous n'ayez deffein de paroitre au grand jour ;
Que votre but ne foit de percer à la Cour :
Un bien confidérable en aplanit la route.
Mais, pour vous abreger un chemin toujours long,
Il feroit un moyen plus facile & plus prompt.

LE MARQUIS.

Et ce moyen qui s'offre à votre prévoyance,
Seroit ?

Mad. A R G A N T.

Un mariage ; une fille, en un mot,
Qui vous aporteroit en dot
Le crédit & l'apui d'une grande alliance.

LE MARQUIS.

On ne peut mieux penfer. Vous ne m'étonnez point :
Mais l'hymen, à mon âge, eft un état bien grave.
Quoi ! voulez-vous fi tôt que je devienne efclave ?

Mad. A R G A N T.

Un mari ne l'eft pas. Auriez-vous fur ce point.
Un peu d'averfion ?

LE MARQUIS.

Moi, Madame : Eh qu'importe ?
Quand mon averfion feroit cent fois plus forte ;

Croyez que de ma part, en cela, comme en tout,
Le sacrifice est prêt : Ce n'est pas une affaire.
Le desir de vous satisfaire
Me tiendra toujours lieu de penchant & de goût.
Mais mon Pere ?

Mad. A R G A N T.
Ah ? je sçais comment il faut s'y prendre.
Je prévois ses refus ; mais ils ne tiendront pas.
Nous disputons beaucoup. Après bien des débats
Votre pere s'apaise, & finit par se rendre.
Par exemple, il avoit fortement décidé,
Que vous seriez de robe.

LE MARQUIS.
Ah ciel !

Mad. A R G A N T.
Il a cédé.
N'en a-t'il pas été de même
Pour le déterminer à vous faire un état.
Au sujet de ce Marquisat,
Sa répugnance étoit extrême ;
Il ne vouloit pas s'y prêter :
Mais vous le desiriez ; c'est surquoi je me fonde ;
Aussi l'ai-je forcé de l'aller acheter.

LE MARQUIS.
Ne faut il pas avoir un Titre dans le monde ?
Mais celui de Marquis me flatte infiniment ;
Je vous l'avoue ingénúment.
Si vous n'aviez pas eu la bonté de contraindre
Mon Pere à cet achat, j'eusse été très à plaindre.

Mad. A R G A N T.
Cette acquisition l'a long-tems retenu.

LE MARQUIS.
Il est vrai ; c'est ce qui m'étonne.

Mad. A R G A N T.
Il arrive aujourd'hui ; l'avis m'en est venu.

LE MARQUIS.
Je crois qu'à son retour la Scène sera bonne.

I 5

Il ne fera pas mal furpris
De l'état que nous avons pris
Pendant le cours de fon abfence.
Il ne pourra pas voir, fans jetter les hauts cris,
Ces embelliffemens & ces meubles de prix.
Il n'a jamais donné dans la magnificence.
Ce nombre de valets, & ce Suiffe fur-tout,
Ne feront pas trop de fon goût.

SCENE IV.

M. ARGANT, Mad. ARGANT, LE MARQUIS, UN SUISSE, LAQUAIS.

M. ARGANT.

Voyez cet animal qui m'arrête à la porte !

LE SUISSE.

Que voulez-vous ?

M. ARGANT.

Hé que t'importe ?
Mais eft-ce ici chez moi ?

LE SUISSE.

C'a, Monfieur, votre nom ?

M. ARGANT.

Non nom ?

LE SUISSE.

Afin qu'on vous annonce.

M. ARGANT.

Je n'en connois pas un.

LE SUISSE.

J'attends votre réponfe.

[*Un Laquais à son camarade.*]
Connois-tu ça ?
      [*Un autre Laquais.*]
                        Moi ? ma foi, non.
LE MARQUIS.
Ah ! Monsieur, pardonnez..... Madame, c'est
    mon Pere.
Excusez des valets.....
M. ARGANT.
                Quel est donc ce mystére ?
Mad. ARGANT.
C'est vous, M. Argant ?
M. ARGANT.
                Moi-même, Dieu merci,
Qu'une espéce de singe, avec sa barbe torse,
Ne vouloit point du tout laisser entrer ici :
Il a presque fallu que j'usasse de force.
LE MARQUIS.
Un Suisse comme un sot fait toujours son métier.
M. ARGANT.
Vous avez pris un Suisse ?
LE MARQUIS.
      Oui, Monsieur.
M. ARGANT.
                Pour quoi faire ?
LE MARQUIS.
Un Suisse est à la porte un meuble nécessaire.
M. ARGANT.
                Il ne nous faut qu'un vieux Portier.
Et ce tas de Valets dont l'antichambre est pleine,
Est-il d'ici ?
LE MARQUIS.
Sans doute. Il faut être servi.
M. ARGANT.
Mais en faut-il une douzaine ?
LE MARQUIS.
Chacun a son emploi.
                L 6

M. ARGANT.

       Fort bien , j'en suis ravi.
Parbleu , pendant deux mois qu'a duré mon voyage ,
L'extravagance a fait ici bien du ravage !

LE MARQUIS.

Mais en quoi donc , Monsieur ?

M. ARGANT.

       Déja deux ou trois fois
Ce titre de Monsieur a choqué mon oreille.
Vous ne vous serviez pas d'épithete pareille.
Le nom de Pere est-il devenu trop bourgeois ,
Pour pouvoir à present sortir de votre bouche ?
Il faut que cela soit.

LE MARQUIS.

       Ce reproche me touche.
Je croyois vous traiter avec plus de respect ;
Et j'ignore pourquoi Monsieur s'en formalise.

M. ARGANT.

       Ma foi , s'il faut que je le dise ,
Ce cérémonial me paroît fort suspect ;
Et c'est la vanité qui l'a mis en usage.
Je sçais que chez les Grands il est autorisé ;
Que chez les gens d'un moindre étage
Ce ridicule abus s'est impatronisé ;
Il s'est même glissé jusques dans la roture :
Mais il n'est pas moins vrai qu'il blesse la nature.
Pour chez moi, s'il vous plaît , il n'aura point de
   cours.
Sçachez, en m'apelant par mon nom véritable ,
Que le titre de Pere est le plus respectable
Qu'un fils puisse donner à l'auteur de ses jours.

Mad. ARGANT.

Il est vrai ; mais enfin je sçais qu'au fond de l'ame
Il ne m'aime pas moins pour m'apeler Madame.

M. ARGANT.

Ma femme, quant à vous, je ne m'en mêle pas ;
C'est une affaire à part ; je n'en veux point connoître.

SCENE V.

UN COUREUR, M. ARGANT, Mad. ARGANT, LE MARQUIS.

M. ARGANT.

Quelle est cette autre espéce ? Où s'adressent tes pas ?

LE COUREUR.

Ici.

M. ARGANT.

Qu'es-tu ?

LE COUREUR.

Coureur.

M. ARGANT.

Qui cherches-tu ?

LE COUREUR.

Mon Maître.

M. ARGANT.

Quel est-il ?

LE COUREUR.

Hé, parbleu, c'est Monsieur le Marquis.

M. ARGANT.

Quel Marquis ?

LE COUREUR.

Le voilà.

M. ARGANT.

Qui donc ?

Mad. ARGANT.

Hé, c'est mon fils.

M. ARGANT.

Lui ?

Sans doute.

LE MARQUIS *au Coureur, qui lui donne un billet.*

Va-t'en.

SCENE VI.

M. ARGANT, Mad. ARGANT, LE MARQUIS.

M. ARGANT.

C'Est ainſi qu'on vous nomme.

LE MARQUIS.

Oui, Monſieur.

M. ARGANT.

De quel droit ? Mais vous m'étonnez fort.

LE MARQUIS.

Je crois en avoir deux.

M. ARGANT.

Qui font-ils donc ?

LE MARQUIS.

D'abord,
N'avez-vous pas l'honneur d'être né Gentilhomme?

M. ARGANT.

Un peu : Mais eſt-ce aſſez pour s'apeler Marquis ?
Argant, vous êtes fou.

Mad. ARGANT.

N'avez-vous pas acquis ? . . .

M. ARGANT.

Eh quoi ?

Mad. ARGANT.

Ce Marquifat que nous avions en vûe?
Eft-ce que ce n'eft point une affaire conclue?

M. ARGANT.

Un Marquifat?

Mad. ARGANT.

Eft-il acheté?

M. ARGANT.

Ma foi, non,

LE MARQUIS.

Ah! Madame....

Mad. ARGANT.

Ah! Monfieur....

M. ARGANT.

Il eft trop cher.

LE MARQUIS.

Qu'entends-je?

M. ARGANT.

Mais vous ne perdrez rien au change.

Mad. ARGANT.

Mais mon fils en a pris le nom.

M. ARGANT.

Paffembleu, qu'il le quitte.

LE MARQUIS.

Ah Ciel! eft-il poffible!

Mad. ARGANT.

Autant qu'à vous, mon fils, cet affront m'eft fenfible.

M. ARGANT.

Entre nous, pourquoi l'a-t'il pris?
Faut-il, pour fatisfaire à fes étourderies,
Etre auffi fou que lui? J'ai, mais à fort bon prix,
Acquis trois bonnes Métairies,
Pays gras, Terre à bled.

LE MARQUIS à part.

Mais quelles gueuferies!
Mon pere eft bien defefpérant!

M. ARGANT.

Ces acquifitions, je vous en fuis garant,
     Valent mieux que dix Seigneuries.

LE MARQUIS.

J'enrage de bon cœur.

M. ARGANT.

     Sçachez vous contenir ;
Ou plûtôt, laiffez-nous ; je vais l'entretenir.

SCENE VII.

M. ARGANT, Mad. ARGANT.

Mad. ARGANT.

Vous êtes bien cruel !

M. ARGANT.

     Moi ? la plainte eft nouvelle !

Mad. ARGANT.

J'ai cru que vous m'aimiez ; mais vous ne m'aimez
    point.

M. ARGANT.

Fort bien. Mécontentez une femme en un point,
Tout le paffé s'oublie, & n'eft plus rien pour elle.

Mad. ARGANT.

Oui, je fuis une ingrate ; allons, accablez-moi ;
Ne ménagez plus rien. Ah, que je fuis outrée !

M. ARGANT.

Ma femme, fans courroux, parlons de bonne-foi.
Nous convient-il d'avoir une Terre titrée ?
Que Diable ! un Marquifat n'a pas le fens commun.

Mad. ARGANT.

Eh, pourquoi donc mon fils n'en auroit-il pas un ?

Il n'eſt pas aſſez noble , & la Terre eſt trop chere :
Sont-ce-là des raiſons d'un homme de bon ſens ,
Non , Monſieur ; vous voulez , je le vois , je le ſens,
Mortifier le fils , deſeſpérer la mere.
Vous vous laſſez de moi.

          M. ARGANT.

                Parlez-vous tout de bon

         Mad. ARGANT.

Que je ſuis malheureuſe !

          M. ARGAIN T.

             Ah ! c'eſt une autre aſſaire,
Ayons ce Marquiſat. Il faut vous ſatisfaire.

         Mad. ARGANT.

Quand mon fils en a pris le titre avec le nom,
Eſt-il tems d'écouter un frivole ſcrupule ?

          M. ARGANT.

Argant ſera Marquis.

         Mad. ARGANT.

             Eh , ſans doute. Autrement
Ce ſeroit le couvrir du plus grand ridicule.

         M. ARGANT.

    Je vais écrire.

         Mad. ARGANT.

             Promptement . . . .

         M. ARGANT.

Oui.

         Mad. ARGANT.

    Je vous attendois avec impatience ;
Qu'autant plus qu'il s'agit d'une grande alliance
    Pour mon fils.

         M. ARGANT.

           Je m'en doutois bien.

         Mad. ARGANT.

On propoſe une fille aimable & de naiſſance ;
Et qui même apartient à plus d'une Puiſſance.

         M. ARGANT.

    C'eſt-à-dire qu'elle n'a rien.

Mad. ARGANT.

Mon fils est assez riche. Un si grand mariage
     Lui procure, entr'autre avantage,
Une entrée à la Cour, avec un Régiment.
Il ne trouveroit plus d'occasion si belle.

M. ARGANT.

Qu'exige-t-on de vous?

Mad. ARGANT.

       Et mais aparemment
Que j'assure mon bien.

M. ARGANT.

       C'est une bagatelle.
Et ma fille !

Mad. ARGANT.

   Allez-vous encore, à ce sujet,
Réveiller le Procès que nous avions ensemble,
    Au lieu d'embrasser mon projet?

M. ARGANT.

Mais, ma femme....

Mad. ARGANT.

   Mais quoi ! tout est dit, ce me semble:
Dans cet azile heureux & par elle chéri,
Où le Ciel doit avoir accoûtumé sa vie,
J'aurai soin de lui faire un sort digne d'envie.
Où peut-elle être mieux?

M. ARGANT.

     Avec un bon mari.

Mad. ARGANT.

Rien n'est plus incertain. Mais qui vient nous sur-
   prendre ?
C'est Monsieur Doligni. Je vous laisse avec lui.
Songez que l'on attend ma réponse aujourd'hui.

       * *
        *

SCENE VIII.

M. DOLIGNI, M. ARGANT.

M. DOLIGNI.

VOus voilà de retour ! On vient de me l'apren-
dre :
Auſſi-tôt l'amitié vers vous m'a fait voler.
Vous avez du chagrin, je penſe :

M. ARGANT.

Ma femme…

M. DOLIGNI.

Hé bien, quoi donc !

M. ARGANT.

Vient de me déſoler.

M. DOLIGNI.

Si-tôt ?

M. ARGANT.

J'arrive à peine, après deux mois d'abſence…

M. DOLIGNI.

C'eſt pour ſe remettre au courant.
Puis-je vous conſoler ?

M. ARGANT.

Non.

M. DOLIGNI.

Pourquoi, je vous prie ?
Vous me revoyez donc d'un œil bien différent ?

M. ARGANT.

Mon amitié pour vous ne s'eſt point affoiblie.
Puis-je me conſoler, quand moi-même je crains
De vous plonger bien-tôt dans les plus grands cha-
grins.

M. DOLIGNI.

Je n'en prends jamais pour mon compte ?
Je n'ai que ceux de mes amis.

M. ARGANT.

Ma femme, & j'en rougis de honte,
Me veut faire manquer à ce que j'ài promis.
Eprife pour fon fils d'une amitié trop tendre,
Elle penfe à lui feul & ne veut point de Gendre.

M. DOLIGNI.

Je le fçavois déja. Je vous dirai de plus
Que je vous rends votre promeffe.

M. ARGANT.

Vous croyez que ma femme en fera la maitreffe ?

M. DOLIGNI.

N'ayez point là-deffus de débats fuperflus.
Par une autre raifon qui n'eft pas moins contraire,
Ce Mariage là n'auroit pas pû fe faire.
Mon fils, à ce fujet, implore ma pitié.
Il aime éperdûment une jeune Perfonne,
Digne de fa tendreffe & de mon amitié.

M. ARGANT.

Il a donc votre aveu ?

M. DOLIGNI.

Mais oui, je le lui donne.

M. ARGANT.

Hélas !

M. DOLIGNI.

Son choix fera mon bonheur & le fien.

M. ARGANT.

J'efpérois pour ma fille une chaîne fi belle,
Et qu'un jour votre fils feroit auffi le mien.
D'ailleurs, cette Beauté qu'il aime, quelle eft-elle ?

M. DOLIGNI.

Marianne.

M. ARGANT.

Ma Niéce.

DOLIGNI.
Oui, depuis quatre mois.
Il n'a pas pû la voir fans y fixer fon choix.

M. ARGANT.
Marianne eft l'objet dont fon ame eft charmée ?

M. DOLIGNI.
La préfence décide ; on fe prend par les yeux :
S'il eût vû votre fille, il l'eût fans doute aimée.

M. ARGANT.
Son choix revient au même : Il n'en fera pas mieux.
Voyez en même-tems ma douleur & ma joye.
Ouvrez-moi votre fein : que mon cœur s'y déploye;
Comme un dépôt facré , recevez un fecret
Que ma tendre amitié vous taifoit à regret.
Cette jeune Orpheline, où tant de beauté brille,
Que votre fils adore, & que vous chériflez...

M. DOLIGNI.
Hé bien... Vous vous attendriffez ?

M. ARGANT.
Cette Niéce....

M. DOLIGNI.
Achevez.

M. ARGANT.
Marianne eft ma fille.

M. DOLIGNI.
Que m'aprenez-vous-là ?

M. ARGANT.
Mon amour paternel
A trouvé le moyen , à l'infçu de fa mere ,
De retirer ici cette fille fi chere
Qu'elle vouloit laiffer dans un Cloître éternel.
Marianne fe croit la fille de mon frere,
Et n'imagine pas qu'elle foit chez fon pere.

M. DOLIGNI.
Bon !

M. ARGANT.
Elle eft dans la bonne-foi.

M. DOLIGNI.

Comment a-t'elle pû vous croire?

M. ARGANT.

Je n'ai pas eu de peine à forger une Hiſtoire.
Feu mon frere eut toujours le même nom que moi.
C'eſt ce qui m'a ſervi; d'autant plus que ma fille
Qui fut miſe en Convent dès l'âge de deux ans,
N'a pas trop en endu parler de la famille,
Et n'a vû de ſa vie aucun de ſes parens.
N'ayant pas pû gagner ſur ma femme obſtinée
D'aller, juſqu'à Poitiers, voir cette infortunée,
Et n'étant que trop ſûr qu'elle veut, malgré moi,
Immoler à ſon fils cette triſte victime,
Le détour que j'ai pris m'a paru légitime.
C'eſt la néceſſité qui m'en a fait la Loi;
Et c'eſt, pour m'excuſer, ſur quoi je me retranche.

M. DOLIGNI.

Le ſcrupule eſt plaiſant! Vous me faites pitié.
Eh! trompez ſans regret votre chere moitié.
Attraper une femme, eſt prendre ſa revanche.

M. ARGANT.

En un mot j'ai pris ce détour.

M. DOLIGNI.

Il eſt aſſez bon, ce me ſemble.

M. ARGANT.

Et je n'ai ſi long-tems retardé mon retour,
Que pour les mieux laiſſer s'accoûtumer enſemble.
Marianne a de quoi charmer :
Et je m'en vais ſçavoir ſi, pendant mon abſence,
Ses charmes & ſon innocence,
De ſon aveugle mere ont pû la faire aimer....
La voici qui paroît. Laiſſez-nous, je vous prie.
Sur tout ne dites point ce que je vous confie,
Pas même à votre fils.

SCENE IX.

MARIANNE, M. ARGANT.

M. ARGANT.

Comment vont nos projets?
Aprends-moi quel succès a couronné ton zèle.
Sur le cœur de ta Tante as-tu fait des progrès?
Dis-moi, ma chere Niéce, es-tu bien avec elle?
Tu sçais ce qu'en partant d'ici
Je t'ai recommandé comme un point nécessaire.

MARIANNE.

J'ai fait ce que j'ai pû.

M. ARGANT.

Tout a donc réussi;
Car tu plairas toujours à qui tu voudras plaire.

MARIANNE.

Présumez un peu moins de mon foible talent.
Il est vrai qu'en cherchant à remplir votre attente,
Qu'en tâchant de gagner l'amitié de ma Tante,
Je ne me faisois point un effort violent :
Que dis je ! un sentiment que je ne puis comprendre,
A mon obéissance a servi de soutien;
Et mon cœur, étonné de se trouver si tendre,
N'a, je crois, rien obmis pour mériter le sien;
Mais....

M. ARGANT.

L'heureuse nouvelle ! Achéve ton ouvrage.
Je ne te dis qu'un mot; qu'il serve à t'animer.
Mariage, fortune, espérance, héritage,
Tout dépend de ma femme, & de t'en faire aimer.

Je ne puis rien pour toi.

MARIANNE.

Quelle erreur est la vôtre !

M. ARGANT.

Par des arrangemens que la fortune a faits,
Ma femme est ta ressource, & tu n'en as point d'autre.

MARIANNE.

Il faut donc renoncer à ses moindres bienfaits.

M. ARGANT.

Comment donc ?

MARIANNE.

Etouffez une douce espérance
Qui n'a servi qu'à vous tromper.
De tout ce que j'ai fait, rien n'a pû dissiper,
Ni vaincre son indifférence.
C'est un projet flatteur qui ne peut s'accomplir.
Je connois trop son cœur ; il m'est inaccessible ?
Ce n'est que pour son fils qu'il peut être sensible ;
Il l'occupe & n'y laisse aucun vuide à remplir.
Loin d'entrer avec lui dans le moindre partage,
Je ne sçais si mes soins ne m'ont pas fait haïr.
Ne me forcez donc pas d'insister davantage.

M. ARGANT.

Eh, que veux-tu de moi ?

MARIANNE.

Que vous me laissiez fuir,
Et rentrer au Convent d'où vous m'avez tirée.

M. ARGANT.

Je ne puis.

MARIANNE.

Accordez cette grace à mes pleurs.
En vous la demandant mon ame est déchirée.
Vous m'aimez : je prévois avec quelles douleurs
Vous suporterez ma retraite.

M. ARGANT.

Ne t'imagine pas non plus que je m'y préte.
J'ai de fortes raisons pour ne pas consentir

A te

A te laisser aller suivre une folle envie.
M A R I A N N E.
Ah ! n'apréhendez pas qu'un jour le repentir
Vienne dans mon desert empoisonner ma vie.
Je trouverai de quoi fixer tous mes desirs
    Dans sa tranquilité profonde.
C'est lorsqu'on a du moins un peu connu le monde
Qu'on peut dans la retraite , avoir de vrais plaisirs.
Que je m'en vais l'aimer ! Qu'elle me sera chére ?
Je n'y sentirai plus le poids de ma misére.
Hélas ! je l'ignorois dans mon obscurité :
J'y vivois , sans me voir sans cesse humiliée
Par le défaut de bien , de rang , de qualité :
Permettez qu'à jamais j'y puisse être oubliée.
M. A R G A N T.
Non : c'est un dessein pris , où je suis affermi.
Je te veux marier ; & je t'ai destinée
    Au fils de mon plus cher Ami.
Nous avons tous les deux conclu cet hymenée,
    S'il est à ton gré , comme au mien.
Si Doligni te plaît... Tu rougis ! Ah ! fort bien.
La pudeur fut toujours la premiere des graces.
J'en tire un bon augure. Il sera ton Epoux....
Quel est cet Inconnu qui marche sur nos traces !

SCENE X.

UN MAITRE D'HOTEL, M. ARGANT, MARIANNE.

LE MAITRE D'HOTEL.

Mademoiselle, un mot.

MARIANNE.

Que vous plaît-il !

LE MAITRE D'HOTEL.

Tous doux.
Ce vieux Monsieur-là, sauf son respect & le vôtre,
Hé bien..... est-ce Monsieur ?

MARIANNE.

Oui.

LE MAITRE D'HOTEL.

Lui ? j'en suis ravi.

M. ARGANT.

Quel est cet importun ?

LE MAITRE D'HOTEL.

Autant vaut-il qu'un autre.

MARIANNE.

C'est le Maître d'Hôtel.

LE MAITRE D'HOTEL *mettant sa serviette
sur l'épaule.*

Monsieur, on a servi.

M. ARGANT.

[*à Marianne.*]

Présente-moi... je crains de faire des bévûes.
Que diable ! A chaque pas je tombe ici des nues.

Fin du second Acte.

ACTE III.

SCENE PREMIÉRE.

M. ARGANT, M. DOLIGNI.

M. DOLIGNI.

Vous rêvez ?

M. ARGANT.

J'ai dequoi. Depuis trente ans au plus
Que dépourvû de biens (car jamais je n'en eus)
    Je m'en fus à la Martinique
    Où j'époufai Madame Argant,
Il faut que mon efprit foit devenu gothique,
    Ou Paris bien extravagant.

M. DOLIGNI.

Ami, c'eft l'un & l'autre. Après trente ans d'abfence.
A peine revenu depuis fix mois en France,
Dont vous avez paffé le tiers hors de Paris,
Tout vous paroît nouveau. Ne foyez pas furpris
    Si vous ne fçavez plus les êtres.
Mais rendons-nous juftice, & n'ayons plus d'hum eurs
Nous fommes vieux, les tems amenent d'au tres
    mœurs.
Avions-nous confervé celles de nos Ancêtres ?
Nos enfans, à leur tour, occupent le tapis.
Tout roule, & roulera toujours de mal en pis.
Par une extravagance, une autre eft abolie.
D'âge en âge on ne fait que changer de folie.

M. ARGANT.

Je le vois bien. Il faut jusqu'au sujet du dîner
Je vous fasse un aveu naïf & véritable.
Excepté le roty, je n'ai pû deviner
Le nom d'aucun des plats qu'on a servis à table.

M. DOLIGNI.

Je n'en ai pas, non plus, reconnu la moitié.
Tout change de nature, à force de mélange.

M. ARGANT.

Il faut être sorcier pour sçavoir ce qu'on mange.
C'est encore au dessert où j'ai ri de pitié,
De nous voir assommiez d'un fratras de verrailles,
Garni de Marmoufets & d'arbustes confus
Qui font un bois-taillis où l'on ne se voit plus
    Qu'au travers de mille broussailles.
Et tout cet attirail, piéce à piéce aporté
Par un maître Valet, par d'autres escorté,
Est une heure à ranger sur le lieu de la scéne ;
Et tient, en attendant, tout le monde à la géne.
Quels convives, d'ailleurs ! je veux être pendu,
Oui, si j'ai rien compris, si j'ai rien entendu
A l'étrange jargon qu'ils parloient tous ensemble.
Tous les fous de Paris étoient de ce repas.

M. DOLIGNI.

    Doucement. Vous n'y pensez pas.
Ce font de beaux esprits que le Marquis rassemble ,
Et qui dans votre Hôtel ont ouvert leur bureau.

M. ARGANT.

    Miséricorde ! Quel fléau !
Quel déluge maudit d'Insectes incommodes !
Rien n'y manque. J'en dois remercier mon fils.
Je ne m'attendois pas à trouver mon logis.
Plein de chevaux, de chiens, d'auteurs & de pagodes.
Mais enfin laissons-là ces propos superflus.
Revenons au sujet qui me touche le plus.
C'est Marianne. Hé bien, m'avez-vous fait la grace
De parler à ma femme ?

M. D O L I G N I.

Oui , mais je ne tiens rien ;
Elle veut au Marquis aſſurer tout ſon bien ;
Et je ne compte pas que ce deſſein lui paſſe ,
A moins que votre fille ...

M. A R G A N T.

Il n'eſt donc plus d'eſpoir ?
J'eſpérois que ſes ſoins , ſa tendreſſe & ſes charmes ,
Sur le cœur de ma femme auroient plus de pouvoir ;
Elle n'a recueilli que des ſujets de larmes.

M. D O L I G N I.

Mais peut-on s'empêcher de s'en laiſſer charmer ?

M. A R G A N T.

Elle auroit dû s'en faire aimer.
Hélas ! je raportois cette douce eſpérance.
Quel retour ! je ne puis y penſer ſans effroi.
Loin de répondre à l'aparence ,
Le projet & le piége ont tourné contre moi.

M. D O L I G N I.

Votre poſition eſt fâcheuſe.

M. A R G A N T.

Ah ! ſans doute.

M. D O L I G N I.

Votre embarras eſt des plus grands ;
Et pour vous en tirer il faut qu'il vous en coûte.
Aimez-vous votre femme ?

M. A R G A N T.

Autant que mes enfans.
Je ne puis ni ne veux me brouiller avec elle.
Eh depuis notre hymen l'union la plus belle
A reſſerré des nœuds que l'amour a formez.
D'ailleurs, je lui dois tout. Je n'avois rien au monde ...
Malgré ma miſére profonde ,
Et nombre de rivaux plus dignes d'être aimez ,
Je lui plus. Il fallut vaincre la réſiſtance
De Parens qui pouvoient s'opoſer à ſon choix.
Elle n'avoit pas l'âge indiqué par les loix.

Cependant mon bonheur, ou plûtôt sa constance
Après bien des refus & de mortels ennuis,
Me rendit possesseur d'une Epouse adorable,
Qui jouissoit déja d'un bien considérable,
Que des successions ont augmenté depuis.
Je m'en souviens sans cesse avec reconnoissance.

M. DOLIGNI.

Je prévois qu'à la fin il faudra, malgré vous,
Renvoyer votre fille au Convent.

M. ARGANT.

Entre nous,

Ce sacrifice-là n'est pas en ma puissance.
Ma fille... Non, Monsieur, je ne puis m'en priver.
Pour la sacrifier, la victime est trop chére.

M. DOLIGNI.

Hé bien, quoiqu'il puisse arriver,
Votre fille est chez vous, déclarez-vous son Pere.
Si vous prétendez la garder,
Il faut bien, tôt ou tard, découvrir ce mistére.
Si vous n'osez le hazarder,
Je vous offre mon ministére.
Une femme en courroux m'embarrasse fort peu.
Entre la mienne & moi la paix étoit si rare,
Que je ne suis pas neuf en pareille bagarre.
Moi, j'opose à leur premier feu
Un flegme des plus salutaires.
Il en est, sans comparaison,
Tout comme des enfans mutins & volontaires :
Quand la force leur manque, ils entendent raison.
Au surplus, vous touchez au moment de la crise.
Songez que votre femme, au gré de son espoir,
Va remplir le projet dont elle est trop éprise ;
Que, sans doute, on fera les accords dès ce soir ;
Qu'il est tems de parler en Pere de famille,
En Maitre, s'il le faut, & si vous le pouvez.

M. ARGANT.

Que j'apréhende !....

M. DOLIGNI.

Quoi? qu'eſt-ce que vous avez?

M. ARGANT.

Et ſi ma femme alloit faire enlever ſa fille ,
Et ſe rendre en ſecret maîtreſſe de ſon ſort !
Voilà ce que je crains ſi je romps le ſilence.
Supoſé que l'accès d'un aveugle tranſport
Ne la contraigne point à cette violence ,
Les perſécutions feront le même effet ;
Et ſa mauvaiſe humeur ne ceſſant de s'accroitre ,
Obligera ma fille à préférer le cloître.

M. DOLIGNI.

Il faudra tenir bon, peut-être....

M. ARGANT.

C'eſt un fait,
Je voudrois conſerver la paix dans ma famille....
Il me vient un moyen. S'il eſt de votre goût,
Il pourroit concilier tout ,
Et faire marier ma fille.
Sa légitime peut monter
A douze mille écus de rente ,
Hé bien , feriez-vous homme à vous en contenter?

M. DOLIGNI.

Ceci change la thèſe ; elle eſt bien différente.

M. ARGANT.

Je le ſçais , je n'oſois preſque vous en parler,

M. DOLIGNI.

Allons, je le veux pour tirer de peine.

M. ARGANT.

Ah ! mon cher....

M. DOLIGNI.

Ce n'eſt pas l'intérêt qui me méne.
Je n'accepte pourtant que comme un pis aller.

M. ARGANT.

Mais Marianne vient.

SCENE II.

MARIANNE, M. ARGANT, M. DOLIGNI.

MARIANNE.

Madame Argant m'envoye...
M. ARGANT.
Tant mieux, j'en ai bien de la joie.
MARIANNE.
Ah ! mon Oncle, le diriez-vous ?
Pour la première fois, elle m'a caressée,
M'a donné les noms les plus doux.
M. DOLIGNI.
Elle est donc bien intéressée
Au succès du message.
MARIANNE.
Elle en espère tout.
Vous me portez, dit-elle, une amitié si tendre
Qu'il n'est rien, près de vous, dont ne vienne à bout ;
Et si je réussis, elle m'a fait entendre
Qu'elle auroit soin de mon destin.
C'est au sujet de mon Cousin.
M. ARGANT.
Justement.
MARIANNE.
Et pour sa fortune,
Que je viens, au hazard de vous être importune.
M. ARGANT.
Ha ! si c'est pour Argant, le sort en est jetté.
Que veut-elle ? quelle est cette grace, si grande ?

MARIANNE.

C'eſt l'hymen de ſon fils, tel qu'il eſt projetté.

M. ARGANT.

Marianne, eſt-ce à toi d'apuyer ſa demande?

MARIANNE.

A qui donc? Pour tous deux j'implore vos bontez.
C'eſt l'établiſſement le plus conſidérable...
Vous la deſeſpérez, ſi vous n'y conſentez;
C'eſt faire à votre fils un tort irréparable.

M. ARGANT.

Prétendre que ſon fils ſoit le ſeul poſſeſſeur
Et l'unique héritier de toute ſa fortune!
Et ma fille?

MARIANNE.

Eſt-il vrai que vous en ayez une?

M. ARGANT.

Oui. Si le frere a tout, que deviendra la ſœur?
Loin de prendre parti pour elle,
Je te vois la premiére à la perſécuter.

MARIANNE.

Moi, je ne lui veux point de mal. & ſi mon zéle...

M. ARGANT.

Mais, tiens: pour me réſoudre, & pour m'exécuter,
Je m'en raporte à toi. Tu ſçais ce qu'on propoſe;
Supoſe que tu ſois cet enfant malheureux,
A qui ſa mere apréte un ſort ſi rigoureux,
Prends ſa place un moment, fais-en ta propre cauſe,
Et ne conſulte ici que ton propre intérêt.

MARIANNE.

Je me ſerois déja prononcé mon arrêt.

M. ARGANT.

Quoi! malgré les ſoupirs & les larmes d'un pere...

MARIANNE.

Pourrois-je aſſurer mieux le repos de ſes jours,
Qu'en cédant au malheur de déplaire à ma Mere?
A quoi me ſerviroit de m'obſtiner toujours
A braver mon deſtin? Quelle en ſeroit l'iſſue?

K. 5.

D'aliéner vos cœurs, d'en écarter l'Amour,
De déchirer toujours le sein qui m'a conçuë,
De me faire encor plus haïr de jour en jour.
Pourquoi me consulter dans cette conjoncture ?
    Toute autre, & votre fille aussi ?
Vous en diroit autant ; & je ne sers ici
    Que d'interpréte à la nature.

    M. ARGANT.

        [*A M. Deligni.*]

Tu me perces le cœur. Jugez donc si j'ai lieu
De déclarer son sort.

    M. DOLIGNI.

        C'est votre femme ; Adieu.

    M. ARGANT.

Ne vous éloignez pas.

SCENE III.

M. ARGANT, Mad. ARGANT, MARIANNE.

Mad. ARGANT.

HE' bien, votre entremise
A-t'elle eu la faveur que je me suis promise ?
Ce que j'en attendois étoit des plus aisez.
M. ARGANT.
Ah ! Vous pouvez compter sur elle en toute chose.
On ne peut mieux plaider une méchante cause.
Mad. ARGANT.
Eh, l'a-t'elle gagnée ?.. Hé quoi, vous vous taisez ?
M. ARGANT.
Qu'exigez-vous de moi ?
Mad. ARGANT.
Quel est donc ce langage ?
M. ARGANT.
Ne vous souvient-il plus qu'un fils trop fortuné
N'est pas l'unique & le seul gage
Dont notre heureux hymen ait été couronné ?
Permettez que je vous rapelle
Qu'il en fut encor un conçu dans votre sein.
Voyez quel est votre dessein ,
Si vous en conservez un souvenir fidelle ?
Mad. ARGANT.
Je pourrois avoir quelque tort :
Mais cette fille enfin dont vous plaignez le sort,
Quand nous l'envoyâmes en France
Pour être élevée au Convent ,

K 6

Etoit dans sa plus tendre enfance.

M. ARGANT.

Hélas ! je me le suis reproché bien souvent.

Mad. ARGANT.

Depuis, je ne l'ai point revuë.
Dans mon cœur, il est vrai, l'absence a triomphé.
L'éloignement, l'oubli, le tems, ont étouffé
La tendresse que j'aurois euë,
Si vous aviez laissé cet enfant sous mes yeux.
Vous n'auriez jamais eu de reproche à me faire ;
Eh ! je ne demandois pas mieux.
Vous ne voulûtes pas : Il a fallu vous plaire ;
Et mon fils en a profité.

MARIANNE.

Mais ma Tante a raison ; elle se justifie.
C'est votre faute à vous.

M. ARGANT, *à Marianne.*

Laisse-moi, je te prie.
Vous verrez que c'est moi qui manque d'équité !
Tout peut se réparer. Daignez voir votre fille ;
Que je vous la presente ; accordez-moi ce bien..

Mad. ARGANT.

Que faire d'un enfant, qui n'est au fait de rien,
Qui n'a jamais vécu qu'à l'ombre d'une grille,
Qui, sans doute, en a pris l'air, l'esprit & le goût ?
Monsieur, il n'est plus tems. Et j'ose vous répondre
Que, de la tête aux pieds, il faudroit la refondre,,
Et qu'on n'en viendroit pas à bout.
Qui vient tard dans le monde, y joue un triste rôle.
Pour aprendre à s'y comporter,
Un parloir de Province est une triste école..

MARIANNE.

Sans doute.

M. ARGANT.

A Marianne on peut s'en raporter.
Elle sort du Convent. Voyez un peu ma niéce ;
Oui, voyez comme elle est : vous connoissiez aussi

Son esprit & sa gentilleſſe :
Elle a tout-à-fait réuſſi.

Mad. A R G A N T.

On ne compare point une perſonne unique.

M. A R G A N T.

Vous pouviez épargner cet éloge ironique.

Mad. A R G A N T.

Il vous plaît au ſurplus de me faire un Procès ?
Bien gratuit au ſujet de cette préférence,
Que j'accorde à mon fils.

M. A R G A N T.

Mais oui, c'eſt un excès.

Mad. A R G A N T.

Eſt-ce une nouveauté ! Suis-je la ſeule en France ?
Nous avons deux enfans : mais l'uſage m'abſout,
Si j'en laiſſe un des deux au fond d'une clôture.

M. A R G A N T.

L'égalité, Madame, eſt la loi de nature.
Il n'en faut avoir qu'un, quand on veut qu'il ait tout.

Mad. A R G A N T.

Pouvons-nous mieux placer mon eſpoir & le vôtre ?
Il eſt bien naturel, quand on a le bonheur
D'avoir reçu du Ciel un fils comme le nôtre,
De chercher à s'en faire honneur.

M. A R G A N T.

La nature ſans doute en a fait un prodige !

Mad. A R G A N T.

Elle a verſé ſur lui ſes plus précieux dons.
Il peut aller à tout, ſi nous le ſecondons.

M. A R G A N T.

Peut-on donner dans ce preſtige ?

Mad. A R G A N T.

Il eſt homme d'eſprit.

M. A R G A N T.

Qui diable ne l'eſt pas ?

Mad. A R G A N T.

Homme d'eſprit :

M. ARGANT.

Mais oui ; rien n'est plus ordinaire.
C'est un titre banal. On ne peut faire un pas
Qu'on ne voye accorder ce nom imaginaire
A tout venant, à gens qui ne font bien souvent
Que des cerveaux brulez, des têtes à l'évent,
Que les plus fats de tous les hommes.
Ce qu'on prend pour esprit dans le siecle où nous
sommes,
N'est, où je me trompe fort,
Qu'une frivole effervescence,
Qu'un accès, une fiévre, un délire, un transport,
Que l'on nomme autrement, faute de connoissance.
Proverbes, quolibets, folles allusions,
Pointes, frivolitez, plaisamment habillées,
Quelque superficie, & des expressions
Artistement entortillées ;
Joignez-y le ton suffisant,
Voilà les qualitez de l'esprit d'à present.
Pour moi, mon avis est, dût-il paroître étrange ;
Que ces petits Messieurs, qui sont si florissans,
Feroient un marché d'or, s'ils donnoient, en échange,
Tout ce qu'ils ont d'esprit pour un peu de bon sens.

SCENE IV.

**LE MARQUIS, M. ARGANT,
Mad. ARGANT, MARIANNE.**

LE MARQUIS.

Mais, Madame, à propos, suivant toute apa-
    rence,
Mon mariage projetté
Pourroit ce soir être arrêté.
Mad. ARGANT.
J'en ai du moins quelque espérance.
LE MARQUIS.
J'en ai reçu vingt complimens :
Et nous ne songeons pas aux presens qu'il faut faire.
Ne trouveriez vous pas qu'il seroit nécessaire
    D'aller, chez l'Empereur, choisir des Diamans.
Il convient d'envoyer demain les Pierreries :
C'est l'ordre ; & l'on ne peut, quand on est régulier,
    Manquer à ces galanteries.
Mad. ARGANT.
Il est vrai : j'allois l'oublier.
Vous avez bien raison ; c'est penser à merveille.
M. ARGANT.
Il mérite toujours des éloges nouveaux.
LE MARQUIS.
Je viens de commander que l'on mit vos chevaux.
M. ARGANT.
Doucement ; j'ai deux mots à vous dire à l'oreille.
Argant, vous avez une sœur.

Mad. ARGANT.

[*Au Marquis.*]

Est-ce-là son affaire ? Allez, je vais vous suivre.

M. ARGANT.

Avec elle, avec vous, je me flattois de vivre ;
Je comptois y passer des jours pleins de douceur,
Et mourir satisfait de son sort & du vôtre.
Elle a part, comme vous, à ma tendre amitié.
Je ne sçais point aimer l'un aux dépens de l'autre.
Vous partagez tous deux mon cœur par la moitié.
L'égalité devroit régner dans tout le reste.
Souffrirez-vous qu'elle ait un destin si funeste ?
Parlez. Mes sentimens vous sont assez connus.
Parlez donc ; qu'entre nous votre bouche prononce.
Au fond de votre cœur cherchez votre réponse,
Et non pas dans des yeux un peu trop prévenus.

LE MARQUIS.

C'est à vous l'un & l'autre à régler sa fortune.
Je ne sçais point blâmer la générosité.

M. ARGANT.

La générosité ! Mais ce n'en est point une :
Ce que j'exige ici, n'est que de l'équité.

LE MARQUIS.

De ces distinctions je vous laisse le maître.
Quant à moi, j'ai, Monsieur, un trop profond res-
    pect
Pour donner des avis à ceux qui m'ont fait naître.

M. ARGANT.

Tant de ménagement vous rend un peu suspect.

LE MARQUIS.

Ce n'est pas qu'une sœur, que je n'ai jamais vûe,
Ne m'intéresse aussi. Vous n'avez pas besoin
De me piquer d'honneur. Le sang parle de loin :
Mais . . . .

M. ARGANT.

Hé bien ; quelle est donc cette crainte imprévûe ?
Daigneriez-vous m'en éclaircir ?

LE MARQUIS.

Quand vous me demandez à moi mon entremise...
Et... si j'ai le malheur de ne pas réussir,
    D'échouer dans cette entreprise,
    Hé bien, vous m'en accuserez.
Qu'en arrivera t'il ? Que vous me haïrez.
    Cette affaire est trop délicate.
Et Madame ; d'ailleurs, paroît tacitement
    M'ordonner assez nettement.
De ne m'en pas mêler.

M. ARGANT.
       Votre prudence éclate !

LE MARQUIS.

Mon silence pourtant n'empêche pas mes vœux.
Je serai de l'avis que vous prendrez tous deux.

SCENE V.

M. ARGANT, Msd. ARGANT, MARIANNE.

Mad. ARGANT.

Ainsi, vous n'avoir point de reproche à lui faire ?

M. ARGANT.

[à part.]
Il faut d'un autre sens retourner cette affaire.
[haut.]
Nous avons, ou plûtôt vous avez en bon bien,
Cinquante mille écus de rente.
Francs & quittes de tout ; du moins je ne dois rien.
Je crois que pour Argant la chose est différente.
N'importe. De sa sœur diminuez la part.
Faites à votre fils le plus gros avantage.
Je me restrains pour elle au tiers, & même au
quart.
Avec sa légitime on voudra bien la prendre ;
Et même l'on aura des graces à vous rendre.

Mad. ARGANT.

Que me dites-vous-là ?

M. ARGANT.

N'en doutez nullement.

Mad. ARGANT.

Qui voudroit s'en charger ?

M. ARGANT.

Acceptez seulement.

Mad. ARGANT.

[à part.]

C'eſt encore un prétexte, une ruſe nouvelle,
Pour m'engager toujours, ſur ce trompeur eſpoir.
A retirer ma fille.

M. ARGANT.

Hé bien?

Mad. ARGANT.

Il faudra voir.

Auriez-vous par hazard quelque parti pour elle?

M. ARGANT.

Oui.

Mad. ARGANT.

J'ai bien de la peine à me l'imaginer.
Eſt-ce une affaire ſûre & prompte à terminer?

M. ARGANT.

[bas à Marianne.]

Dès aujourd'hui. Va dire à Doligni qu'il vienne.

SCENE VI.

Mad. ARGANT, M. ARGANT.

Mad. ARGANT.

MAis est-ce un sujet qui convienne!

M. ARGANT.

A merveille.

Mad. ARGANT *à part.*

Tant pis.

M. ARGANT.

Je suis sa caution.

Mad. ARGANT *à part.*

Ah! je crains bien de m'être un peu trop avancée.

M. ARGANT *à part.*

Il faut fraper le coup.

Mad. ARGANT *à part.*

Quelle est donc sa pensée ?

M. ARGANT.

Cette fille, en un mot, que la prévention
La plus injuste & la plus dure
A peinte à votre idée avec tous les défauts
Qu'on peut puiser au fond d'une triste Clôture.

SCENE VII.

M. DOLIGNI *pere*, MARIANNE, M. ARGANT, Mad. ARGANT.

M. ARGANT.

Quels qu'ils soient vrais ou faux,
Telle qu'elle est enfin, on offre de la prendre :
Et le fils de Monsieur, si vous le permettez....

MARIANNE.

[*à part.*]

Ah Ciel !

M. ARGANT.

Avec plaisir deviendra votre gendre.

Mad. ARGANT.

[*bas à M. Argant.*]

Quoi ! le fils de Monsieur... Vous me compro-
mettez.

M. ARGANT.

Oui, lui-même, à ce prix.

MARIANNE *à part.*

Dieu ! que viens-je d'entendre !
Ah, quelle trahison ?

Mad. ARGANT.

Monsieur nous fait honneur.

M. DOLIGNI *pere.*

Ce sera pour mon fils le comble du bonheur.

Mad. ARGANT.

[*à part.*]   [*haut.*]

Je sçais qu'il aime ailleurs, feignons. Il faut se rendre.

M. DOLIGNI *pere.*

Mon fils ne peut jamais être mieux afforti.

Mad. ARGANT.

[*à Marianne.*]

Qu'on le faffe venir.

MARIANNE.

Madame, il eft forti.

Mad. ARGANT.

Tout-à-l'heure il étoit là dedans ; qu'on y voye.

MARIANNE.

Il doit avoir pris fon parti.

Mad. ARGANT.

Allez, vous dis-je, allez ; faites qu'on me l'envoye.

MARIANNE.

[*à part.*]

Bon, le voici qui vient.

M. ARGANT *bas à Doligni pere.*

Il n'eft pas averti.

SCENE VIII.

M. DOLIGNI *fils*, M. ARGANT,
Mad. ARGANT, M. DOLIGNI *pere*,
MARIANNE.

Mad. ARGANT.

MEſſieurs, il vous plaira de garder le ſilence:
    Faites-vous cette violence.
Qu'ici l'autorité ſe taiſe abſolument ;
Qu'il ſoit libre. Je veux qu'il parle en aſſurance ;
Autrement, marché nul : je vous le dis d'avance ,
Je reprens ma parole & mon conſentement.

M. DOLIGNI *fils*.

Le Marquis vous attend avec impatience.

Mad. ARGANT.

Monſieur , j'aurois beſoin d'un éclairciſſement.
On daigne rechercher pour vous notre alliance.

M. DOLIGNI *fils*.

Vous voyez mon ſaiſiſſement.

Mad. ARGANT.

La deſireriez-vous ?

M. DOLIGNI *fils*.

    Ah , ſi je la deſire ?
Si je ſoupire après ce précieux inſtant !
C'eſt avec plus d'ardeur que je ne puis le dire.

MARIANNE *à part*.

Qui n'eut dit qu'il m'aimoit ?

M. ARGANT.

    Hé bien , ſoyez content.
L'amitié qui nous lie avec votre famille ,
    M'engage a remplir votre eſpoir.

MARIANNE.

[*à part.*]
Hélas ! c'en eſt donc fait.

Mad. ARGANT.

Il m'eſt bien doux de voir
Qu'à tout autre parti vous préfériez ma fille.

M. DOLIGNI *fils.*

Votre fille !

Mad. ARGANT.

Eh qui donc ?

M. DOLIGNI *fils.*

La foudre m'a frapé.
Ah Ciel ! quelle erreur m'a trompé !

Mad. ARGANT.

Dans quel trouble vous vois-je ?

M. DOLIGNI *fils.*

Il eſt inexprimable.
On ne peut être plus confus.
Vous m'accordez ſans doute un bien ineſtimable.
Mon pere, épargnez-vous ces ſignes ſuperflus :
Je ne puis, mon deſordre a trop ſçu me confondre.

Mad. ARGANT.

[*à M. Doligni pere.*]   [*à M. Doligni fils.*]
De grace, laiſſez-donc... Ne pourrai-je ſçavoir?...

M. DOLIGNI *fils.*

L'excès de vos bontez ne pouvoit ſe prévoir :
Je ſuis deſeſpéré de n'y pouvoir répondre.

M. DOLIGNI *pere, bas à ſon fils.*

Tu ne ſçais pas le bien que tu vas refuſer.

M. DOLIGNI *fils.*

[*à ſon Pere.*]   [*à Mad. Argant.*]
Je n'en veux point. L'amour dans mon cœur trop
      ſenſible
A mis à votre choix un obſtacle invincible.
Ce n'eſt qu'en me perdant que je puis m'excuſer.
J'ai cru qu'il s'agiſſoit de l'objet que j'adore.
Ah ! je fais à ſes yeux un éclat indiſcret :

Mais

Màis la néceffité m'arrache mon fecret.

Mad. ARGANT.

En eft-ce un pour l'objet de vos feux ?

M. DOLIGNI *fils.*

Il l'ignore.

Mad. ARGANT.

Eh, Monfieur, quel eft-il !

M. DOLIGNI *fils. Montrant Marianne.*

Il eft devant vos yeux,

MARIANNE.

Ah ! Monfieur, vous devez préférer ma coufine.

Mad. ARGANT *à Meffieurs Argant & Doligni pere.*

Tâchez une autre fois de vous arranger mieux.

M. ARGANT.

La méprife n'eft pas telle qu'on l'imagine.
Sçachez, à votre tour....

Mad. ARGANT *en s'en allant.*

Ah ! ne m'arrêtez plus,
Allez, vous auriez dû m'épargner ce refus.

SCENE IX.

M. ARGANT, M. DOLIGNI *pere*, M. DOLIGNI *fils*, MARIANNE.

[M. DOLIGNI *fils*.

[à M. Argant.]
AH ! Monsieur, pardonnez....

M. ARGANT.
Il faut que je l'embrasse.

M. DOLIGNI *fils*.
Comment donc !

M. ARGANT.
Ses refus ont montré son amour.
Il vient d'en donner sans détour
La preuve la plus sûre & la plus efficace :
S'il avoit accepté, j'en serois moins content.

M. DOLIGNI *fils*.
Vous me permettez donc de demeurer constant ?

M. ARGANT.
A M. Doligni pere.
Sans doute. Allons rêver au parti qu'il faut pren-
dre.
A M. Doligni fils.
Ne t'embarrasse pas, va, tu seras mon gendre.

Fin du troisiéme Acte.

ACTE IV.

SCENE PREMIERE.

LE MARQUIS, LA FLEUR.

LE MARQUIS.

IL s'en mêle encor à son âge ;
Eh, que ferons-nous donc, nous autres jeunes gens,
Si la vieillesse n'est pas sage.

LA FLEUR.

Jugeons un peu moins vite, ou soyons indulgens.
Suposé que l'amour ait part à ce mystere ;
Il me semble qu'un fils devroit, avec raison,
Ignorer, ou cacher les foiblesses d'un Pere.
Il doit en venir un ; j'en suis fort inquiet.

LE MARQUIS.

Est-ce ma faute à moi si toute la Maison
En parle ! Mais cela m'embarrasse guere.
N'est-il venu personne aporter un Billet ?

LA FLEUR.

Je n'ai rien vû.

LE MARQUIS.

Tant pis.

LA FLEUR.

Mais à propos, j'espére....

LE MARQUIS.

Hé bien, voyons, qu'espéres-tu ?

LA FLEUR.

Qu'enfin nous allons prendre un autre train de vie.

LE MARQUIS.

Et par quelle raison ?

LA FLEUR.

Parce qu'on vous marie.

LE MARQUIS.

Qu'y fait le mariage ?

LA FLEUR.

Il a cette vertu
D'amender les gens de votre âge.
La raison les attend au fond de leur ménage.
L'hymen est ordinairement
Le tombeau du libertinage,
A moins qu'on n'ait le diable au corps.

LE MARQUIS.

Assurément :
Oui, l'exemple me rendra sage.

LA FLEUR.

Vous vivrez comme auparavant ?

LE MARQUIS.

Au contraire. Je vais m'enterrer tout vivant,
Renoncer au plaisir qui convient à mon âge,
Consacrer à l'ennui le cours de mes beaux ans,
Commencer mon hyver au fort de mon printems,
M'enfoncer, m'abîmer au fond de mon ménage,
Pour y végéter comme un sot.

LA FLEUR.

Ah, pauvre malheureuse !

LE MARQUIS.

Hem ?

LA FLEUR.

Moi, je ne dis mot.

[*On entend quelque bruit.*]

LE MARQUIS *seul.*

Va donc voir ce qu'on veut. L'attente est un suplice.
Ah, si ce pouvoit être un Billet d'Arthénice !

LA FLEUR.

Tenez, c'eſt un Billet joliment tortillé.

LE MARQUIS *liſant à part.*

„ Mes réſolutions ſont priſes ;

„ Venez où vous ſçavez à huit heures préciſes.

LA FLEUR *à part,*

Comme il a l'air émouſtillé !

LE MARQUIS *continuant.*

„ Malgré tous mes parens … La maudite Cohorte !

„ Pour vous ſuivre ce ſoin, je les tromperai tous.

„ Je ſens que mon devoir en murmure … Qu'importe?

„ Mais on n'eſt plus à ſoi, lorſque l'on eſt à vous.

Ah pour moi quel bonheur! ou plutôt quelle gloire !

Ne perdons point de tems.

[*Il tire un écrain de ſa poche.*]

LA FLEUR.

Quelle eſt donc cette hiſtoire ?

LE MARQUIS.

Avec ces diamans va faire de l'argent ;

Cours emprunter deſſus à l'un de nos Corſaires

Les deux mille Louis qui me ſont néceſſaires.

Viens me les aporter : ſur tout, ſois diligent.

J'ai des ordres encore à te donner enſuite.

Voici Madame Argant, ſauve-toi, prends la fuite.

SCENE II.

Mad. ARGANT, LE MARQUIS.

Mad. ARGANT.

Ou va-t-il porter cet écrain ?
LE MARQUIS.
Chez un Metteur en œuvre.
Mad. ARGANT.
Eh pourquoi donc ?
LE MARQUIS.
J'ai craint
Pour quelques diamans, qui du moins à ma vûë
Paroiffent en danger. Pour ne rien hafarder ,
J'envoie en faire la revûë
Il s'en perd bien fouvent , faute d'y regarder.
Mad. ARGANT.
C'eft bien fait. Ce préfent n'eft-il pas fort honnête ?
LE MARQUIS.
Honnête ! ah, pour le moins, j'en fuis très-content.
Mad. ARGANT.
Je brûle de le voir orner votre conquête.
Votre pere obftiné m'embaraffe pourtant :
Il paroît opofer la même réfiftance.
En vain j'ai de fa niéce employé l'affiftance.
Ce refus me paroît d'autant plus furprenant
Qu'elle a , fur mon époux , un empire étonnant ,
Et que , pour ainfi dire , elle en eft adorée.
Vous foàriez ?
LE MARQUIS.
Qui, moi ?

Mad.   ARGANT.
        Peut-on ſçavoir pourquoi ?
LE MARQUIS.
Ce n'eſt rien.
    Mad.   ARGANT.
       Une mere auſſi tendre que moi
De votre confiance a droit d'être honorée.
De grace, dites-moi. . . .
     LE MARQUIS.
       Daignez me diſpenſer . . .
    Mad.   ARGANT.
Non, vous m'inquiètez. Plus vous voulez vous taire.
      Plus vous me donnez à penſer ;
Je veux abſolument entrer dans ce myſtère.
     LE MARQUIS.
Il ne falloit pas moins que cet ordre abſolu.
Pour vous ſacrifier toute ma répugnance.
Si je me détermine à rompre le ſilence ,
Daignez vous ſouvenir que vous l'avez voulu.
Mais cependant, Madame, il faudroit me promettre...
    Mad.   ARGANT.
   Hé quoi ?
     LE MARQUIS.
      De ne me point commettre.
    Mad.   ARGANT.
Je m'en garderai bien.
     LE MARQUIS.
       J'oſe vous en prier.
D'ailleurs , quoiqu'il en ſoit de cette confidence ,
Croyez que je n'en tire aucune conſéquence.
Le fait en queſtion eſt aſſez ſingulier.
Marianne , entre nous , vous eſt elle connuë ?
Oui , lorſqu'avec mon Pere elle eſt ici venuë,
Sçaviez-vous, comme un fait bien ſûr & bien conſtant,
    Qu'il exiſtoit encore en France
    Une autre Demoiſelle Argant ?

Mad. ARGANT.

Sans doute.

LE MARQUIS.

En aviez-vous une entiére affurance ?

Mad. ARGANT.

Mon mari le difoit.

LE MARQUIS.

J'entends.

Mad. ARGANT.

Oui, je crois dans mon jeune tems
Avoir oüi parler du pere & de la filie :
D'ailleurs, nous habitions des lieux trop différens
Pour être bien au fait du fort de vos Parens.
Je n'ai pas autrement connu votre famille.

LE MARQUIS.

Il y paroît.

Mad. ARGANT.

En quoi !

LE MARQUIS.

Sur tout point de courroux.

Mad. ARGANT.

Je n'entens rien à ce myftére.

LE MARQUIS.

Ni moi non plus. Mais, entre nous,
Marianne n'eft point la niéce de mon Pere.

Mad. ARGANT.

Elle ne feroit point fa niéce ?

LE MARQUIS.

Hé vraiment non :
Et j'ignore à quel titre en a pris le nom.

Mad. ARGANT.

Ah, quelle découverte !

LE MARQUIS *à part.*

Il l'entend à merveille !

Mad. ARGANT.

Mais avant que d'aller plus loin,
Qui peut vous avoir fait une hiftoire pareille.

D'où la fçait-on? Comment? Quel en eſt le témoin?
LE MARQUIS.
Un ancien valet de feu votre beau-frere,
En bùvant chez le Suiſſe, a fort innocemment
  Révélé tout ce beau myſtére.
  Il convient qu'effectivement
  Son maître eut une fille unique,
Qu'on nommoit Marianne.
Mad. ARGANT.
  Après ;
LE MARQUIS.
    Mais il prétend
Qu'elle eſt morte avant lui, que rien n'eſt plus
  conſtant :
  Que c'eſt une hiſtoire publique,
Et qu'enfin cette niéce auroit plus de vingt ans.
Mad. ARGANT.
Mais vraiment je me le rapelle.
LE MARQUIS.
  Tous deux ſont morts depuis long tems.
Il eſt ſûr de ſon fait. Ce ne peut pas être elle.
Mais je vous jure encor que je penſe trop bien,
  Pour oſer en conclure rien.
Mad. ARGANT.
  [A part.]
Quoi ! chez moi ! ſous mes yeux ! feignons de n'en
  rien croire ;
Et ne dégradons point le pere aux yeux du fils.
  [Haut.]
  Non ; plus je penſe à cette hiſtoire,
Plus je vois que ce ſont autant de faux avis.
Je connois mon mari. Vingt ans d'expérience
Doivent, ſur cet article, aſſurer mon repos.
Pouvez-vous honorer de la moindre croyance
Des raports de valets, toujours yvres ou ſots.
Qu'ils n'aillent pas plus loin. Impoſez-leur ſilence ;
Et du premier d'entr'eux, qui ne ſe taira pas,

    L 5

En le chaffant d'ici, puniffez l'infolence.
LE MARQUIS.

Madame....
Mad. ARGANT.

N'ayons point là-deffus de débats:
Il le faut; je le veux; la chofe eft expliquée.
LE MARQUIS.
Vous ferez obéïe.
Mad. ARGANT *à part.*

Ah, que je fuis piquée!

[*Haut.*]

Mon Mari comblera mes vœux.
L'honneur de s'allier à des Gens d'importance,
Quand il le verra devant eux,
Indubitablement vaincra fa réfiftance

[*A part.*]   [*Haut.*]

Je fçaurai l'y forcer. Je viens de recevoir
Un Billet d'affez bonne augure.
Chez le Comte d'Aufbourg on nous attend ce foir.
Il eft Oncle de la future.
C'eft chez lui qu'on s'affemble; & l'on y foupera.
LE MARQUIS.
Fort bien.
Mad. ARGANT.

Vous fçavez fa demeure?
LE MARQUIS.
Mes gens la chercheront.
Mad. ARGANT.

Arrivez de bonne heure.
LE MARQUIS.
Mais.... au fortir de l'Opéra.
Mad. ARGANT.
Si vous veniez plûtôt!
LE MARQUIS.

Ah! ce n'eft pas l'ufage;
Et par-tout où l'on foupe, il faut arriver tard.

Mad. ARGANT.

Oui, mais l'occasion mérite quelque égard,
    Quand il s'agit d'un mariage.
Je m'acheminerai, quand il en sera tems.
    Mad. ARGANT.
Faites donc pour le mieux.
    LE MARQUIS.
      Vous serez tous contens.

SCENE III.

LE MARQUIS *seul.*

R Ien n'est plus ravissant que cette conjonture.
  Deux Rendez vous ensemble ! un d'hymen ! un
      d'amour !
Ceci veut de l'ordre... Oui... Chacun aura son tour ;
Et j'aurai mis à fin ma première avanture,
Quand... C'est la Fleur.

SCENE IV.

LA FLEUR, LE MARQUIS.

LE MARQUIS.

Ou font mes deux mille loüis?

LA FLEUR.

Dans votre Cabinet.

LE MARQUIS.

Bon ; je m'en réjoüis.
Allons, prefte, à cheval.

LA FLEUR.

Quelle affaire nous preffe?

LE MARQUIS.

Va-t'en faire arranger la petite maifon ;
Commande un fouper propre & fuivant la faifon ;
Fais-y porter d'ici du vin de chaque efpéce ;
Que tout foit à la glace & qu'on faffe grand feu :
Qu'on éclaire par-tout.

LA FLEUR.

La fête fera belle !
Et la Future y fera t'elle ?

LE MARQUIS.

Point de fotte demande.

LA FLEUR.

Allons.

LE MARQUIS.

Attends un peu.
Que voulois-je dire?... ha !

LA FLEUR.

Ma furprife eſt extrême.

LE MARQUIS.

Que ma Chaise de Poste y soit & des Relais.
Fais-y porter auffi....

LA FLEUR.

Voilà bien des apprêts !

LE MARQUIS.

Combien ? deux habits d'homme & du linge de même.

LA FLEUR.

Des habits & du linge ?

LE MARQUIS.

Oui. Fais ce qu'on te dit.

LA FLEUR.

Est-ce que vous voulez y faire une retraite ?

LE MARQUIS.

Tout comme il me plaira. Que rien ne t'inquiette.
La curiosité te travaille l'esprit ?

LA FLEUR.

Mais, Monsieur, tout ceci...franchement, à vrai
   dire,
Un jour comme aujourd'hui, me donne du tintoin.

LE MARQUIS.

C'est bien à toi d'en prendre ! ha ! parbleu, je t'admire !
Fait-il tout-à-fait nuit ?

LA FLEUR.

Bon ! le jour est bien loin.

LE MARQUIS.

Qu'on mette les chevaux à la voiture grise.
Hé bien, va donc.

LA FLEUR *à part.*

Allons. Il a de l'argent frais,
Je n'en serai jamais payé que par surprise.

LE MARQUIS.

Tu ne pars pas ?

LA FLEUR.

Je m'en y vais.

[A part.]

Oui, risquons le paquet.

LE MARQUIS.

Qui diable te retarde ?

LA FLEUR.

Vous allez me gronder.

LE MARQUIS.

Tu peux le mériter.

LA FLEUR.

C'eſt qu'avec votre argent....

LE MARQUIS.

Quoi ?

LA FLEUR.

Je viens d'acquiter,

Pour vous, en votre nom, une dette criarde.

LE MARQUIS.

Et qui t'en a prié ?

LA FLEUR.

La pitié, le beſoin.

LE MARQUIS.

Je te trouve plaiſant de prendre tant de ſoin !

LA FLEUR.

Vous avez de l'argent ?

LE MARQUIS.

Qu'importe ?

Emprunter pour payer, parbleu, rien n'eſt plus fou.

LA FLEUR.

C'étoit un pauvre Hére ; il n'avoit pas le ſou :

Et puis ſix cens écus, la ſomme n'eſt pas forte.

Me le pardonnez-vous ?

LE MARQUIS.

Il faut bien.

LA FLEUR.

Mais d'honneur ?

LE MARQUIS.

Oui. Quel eſt ce coquin de créancier ?

LA FLEUR.

La-Fleur.

LE MARQUIS.

Toi ?

LA FLEUR.

Moi.

LE MARQUIS.

Mons de la Fleur, vous n'aurez plus la bourse.
Va.

LA FLEUR.

Droit au cabinet dirigeons notre course !
Et vite & vite, allons nous payer par nos mains.

SCENE V.

MARIANNE, LE MARQUIS.

MARIANNE *à part.*

D'Où viennent, tout-à-coup, de si cruels dédains ?
D'abord, en me voyant, comme elle s'est aigrie !
Il faut absolument quitter cette maison.

LE MARQUIS.

Vous rêvez ?

MARIANNE,

Il est vrai.

LE MARQUIS.

Ce n'est pas sans raison,
Mais il faut vous laisser dans votre rêverie.
Vous avez besoin d'y penser.

MARIANNE,

Pourriez-vous m'éclaircir ? ...

LE MARQUIS.

Daignez m'en dispenser.
Ma chère petite cousine,
Tout ne réussit pas toujours selon nos vœux.

Il arrive par fois des contre-tems fâcheux ;
Pour y remédier, il faut être bien fine ;
Mais comme vous avez un esprit infini,
Vous vous en tirerez. C'est ce que je desire.

SCENE VI.

MARIANNE *seule.*

QUoi, tout le monde ici se trouve réüni
Pour me desesperer ? Mais qu'a t'il voulu dire ?
Quelqu'un adresse ici ses pas.

SCENE VII.

ROSETTE, MARIANNE.

MARIANNE.

ROsette, si tu peux, tire-moi d'embarras.
Ma tante est contre moi d'une colere extrême.
Qu'ai-je dit ? qu'ai-je fait ? que m'est-il arrivé ?
J'ai beau m'examiner moi même ;
Dans le fond de mon cœur, hélas ! je n'ai trouvé
Que zèle, que respect, que tendresse pour elle.

ROSETTE.

J'ignore à quel sujet cet accès de rigueur
La prend d'une façon si brusque & si cruelle ;
D'autant plus qu'une fois, d'abondance de cœur,
Elle disoit, j'oublie en quelle conjonture :
,, Il faudra s'en laisser charmer ;
,, Cette petite créature
,, Finira par se faire aimer.
Il faut bien que le Diable ait ici fait des siennes :
Je ne connois que lui pour jouer de ces tours.
Mais vos recherches & les miennes
Ne nous avancent pas ; il faut d'autres secours ;
Vous ne sçavez pas tout. Je me suis évadée
Pour vous dire à quel point Madame est en cour-
roux :
En un mot, elle est dans l'idée
De vous faire enlever, de s'assurer de vous.

MARIANNE.

Qu'on me remmene où l'on m'a prise.

ROSETTE.

Monsieur adresse ici ses pas ;
Voyez si vous pourrez parer cette entreprise.

SCENE VIII.

M. ARGANT, MARIANNE.

M. ARGANT.

MArianne ! Et pourquoi te trouvai-je éplorée ?
       MARIANNE.
Hélas ? mon oncle, au nom de la tendre amitié
Dont, par vous seul ici, je me vois honorée,
De grace, dites-moi, par bonté, par pitié,
Qu'est-ce donc qui se passe à mon desavantage ?
Il doit m'être en ce jour, arrivé des malheurs ;
Tout inconnus qu'ils sont, ils m'arrachent des pleurs.
Ne me les laissez pas ignorer davantage ;
Innocente, ou coupable, instruisez moi de tout.
       M. ARGANT.
De quoi ?
       MARIANNE.
       Cette infortune est réelle & publique.
       M. ARGANT.
C'est une énigme obscure, ou plûtôt chimérique,
       Dont je ne puis venir à bout.
Je ne te connois point de nouvelle infortune.
       MARIANNE.
Ah ! vous dissimulez.
       M. ARGANT.
       Non, je n'en sçache aucune.
       MARIANNE.
Pourquoi donc, à présent, attirai-je les yeux
       De tout ce qui nous environne ?
D'où viennent ces regards furtifs & curieux
Qu'on attache en secret sur toute ma personne ?

M. ARGANT.

Eh mais, tout cela vient du plaisir de te voir :
    C'est qu'ici tout le monde t'aime.

MARIANNE.

Quoi donc, ai-je changé ? Ne suis-je plus la même ?
Ils ont d'autres motifs que je ne puis sçavoir.
Et par quelle avanture, à nulle autre pareille,
N'est ce que d'aujourd'hui qu'on m'examine ainsi ;
Et qu'en me regardant tout le monde d'ici
Soûrit avec malice, & se parle à l'oreille,
Et ma tante elle même, avec la dureté
    La plus grande & la plus cruelle,
    Vient de me chasser de chez elle.
    Elle a poussé la cruauté
Jusques à me défendre à jamais sa présence.

M. ARGANT.

D'où pourroit lui venir un courroux si soudain ?

MARIANNE.

Et moi, tout éperdue, examinant en vain
    Ma crille & timide innocence,
Je suis venue ici ; j'ai trouvé votre fils,
Qui m'a dit quelques mots, où je n'ai rien compris,
A peine il m'a laissé incertaine & flottante,
Au milieu de mon trouble & du plus grand effroi,
Qu'alors on est venu m'avertir que ma tante,
Toujours de plus en plus en courroux contre moi,
Veut se débarrasser de ma vie importune,
Et me faire enlever.

M. ARGANT.

           Ah ! tout est découvert ;
    Un indiscret ami nous perd :
Elle sçait tout.

MARIANNE.

    Quoi donc ?

M. ARGANT.

    Grand Dieu ! quelle infortune !
Mon secret est trahi.

MARIANNE.

Quel est donc ce regret?

M. ARGANT.

Je vois que j'ai commis une imprudence extrême.

MARIANNE.

Daignez m'en éclaircir.... Vous parlez de secret!

M. ARGANT.

Il faut que je le cherche.... Ah! le voici lui-
même.

SCENE IX.

M. DOLIGNI père, M. ARGANT,
MARIANNE.

M. ARGANT.

Cruel! qu'avez-vous fait?

M. DOLIGNI.

Qui moi? qu'est-ce que c'est?

M. ARGANT.

Eh! morbleu, l'on sçait tout.

M. DOLIGNI.

Doucement, s'il vous plaît.

M. ARGANT.

Je suis desespéré

M. DOLIGNI.

Quel courroux est le vôtre?

M. ARGANT.

Votre indiscrétion....

M. DOLIGNI.

Quoi?

M. A R G A N T.

Nous perd l'un & l'autre.

Vous aviez mon secret !

M. D O L I G N I.

Il est encor entier.

M. A R G A N T.

Ma femme est furieuse.

M. D O L I G N I.

Elle fait son métier.

M. A R G A N T.

Que la plaisanterie est ici mal placée !
Je vous dis que ma femme est si fort courroucée
Contre elle & contre moi, qu'elle est dans le des-
        sein,
Comme je l'ai prévu, d'user de violence,
        De me l'arracher de mon sein,
De la mettre en lieu sûr.

M. D O L I G N I.

Ah, quelle turbulence !
Parbleu, c'est qu'elle sçait, à n'en pouvoir douter,
        Que ce n'est point-là votre niéce.
        Votre femme croit vous ôter
        Une jeune & tendre Maîtresse.

M A R I A N N E.

A M. Doligni.

Qu'entends-je ? Que m'aprenez-vous ?

A M. Argant.

Ce n'est pas sur la foi du lien le plus doux
        Que je suis chez vous & chez elle ?
Hé, pourquoi donc ici m'avez-vous fait venir ?…
Ciel ! je frémis de tout ce que je me rapelle.
        Ah ! cessez de me retenir.
De toutes les horreurs j'éprouve la plus noire.
Ah Dieu ! peut-on former un si cruel projet ?
Du plus affreux Roman je me vois le sujet.

M. D O L I G N I.

Elle ne sçait donc pas sa véritable histoire ?

L'ECOLE DES MERES,

M. ARGANT.

Hé non. Vous me jettez dans un autre embarras.

MARIANNE.

Je veux sçavoir de qui j'ai reçu la naissance.
Remettez-moi sous leur puissance ;
Quels que soient mes parens...

M. ARGANT.

Dans peu tu le sçauras.

MARIANNE.

Parlez, je ne veux plus languir dans cette attente.
Je vais m'aller jetter aux genoux de ma tante...
Quel nom m'échape encor ?

M. DOLIGNI.

Elle vient de partir.

M. ARGANT.

Attends.

MARIANNE.

De cette horreur faites-moi donc sortir ;
La fin n'en peut être trop prompte.

M. ARGANT.

Crains d'aprendre ton sort.

MARIANNE.

Je ne crains que la honte
De nourrir plus long-tems l'oprobre où je me vois.

M. ARGANT.

Modére donc un peu les accens de ta voix.

MARIANNE.

Non ; c'est au désespoir à rétablir ma gloire ;
Je ne puis faire trop d'éclat.

M. ARGANT.

Je suis moins criminel que tu ne l'oses croire.
Sois instruite de ton état.
Cette vive amitié qui t'outrage & te blesse
Trouvera dans ton ame un retour éternel ;
Aprends que toute ma tendresse
N'est que de l'amour paternel.
Ah !.... ma fille....

MARIANNE.

Qui vous... mon pere ?
Hé pourquoi si long-tems me cacher mon bonheur ?

M. ARGANT.

Peut-être ne vas-tu que changer de malheur.

MARIANNE.

J'entrevois à present le fond de ce myftere.
Puisque j'ai le bonheur de vous apartenir,
Le fort peut, à fon gré, régler mon avenir.
Il m'a fait plus de bien qu'il n'en çauroit détruire.

M. ARGANT.

Non, j'ai pris mon parti, puifqu'on me pouffe à bout;
Mais pour toi, laiffe-moi le foin de te conduire.
Argant n'envahira point tout.
Je m'en vais déclarer qu'il n'eft point fils unique;
Que nous avons encor une fille à pourvoir.
Je ne fouffrirai point qu'un abus tyrannique,
Qu'un ufage cruel, au gré de fon pouvoir,
Ne réduife a pleurer ma fille infortunée :
J'empêcherai plûtôt cet injufte hymenée ;
Je comptois obtenir ce qu'il faut arracher.
Pour la premiere fois je vais parler en maitre.

MARIANNE.

Quel malheur eft le mien !

M. ARGANT.

On te viendra chercher.
Quand il en fera tems, je te ferai paroitre.

MARIANNE.

Hé pourquoi voulez-vous que je fois à jamais
Le fleau de ceux que j'adore ?
Joignez à vos bontés la grace que j'implore ;
Et fouffrez qu'en partant je vous rende la paix.

M. ARGANT.

On m'attend ; obéïs. Et vous, ami fidelle,
Ne m'abandonnez pas ; daignez prendre foin d'elle.
Reftez ; je vous remets en main
Ce que j'ai de plus cher.

M. DOLIGNI.

Partez : mais en chemin...

M. ARGANT.

Hé bien, quoi ?

M. DOLIGNI.

N'allez pas ufer votre courage.

M. ARGANT.

Oh ! j'en aurai de refte.

M. DOLIGNI.

On eft brave de loin...

Le Ciel lui foit en aide ! Il en a bien befoin.

Fin du quatriéme Acte.

ACTE

ACTE V.

SCÉNE PREMIERE.

LA FLEUR *seul.*

LA bonne femme eft folle, ou le diable s'en mêle !
Comment donc! hé pour qui Madame me prend-
t'elle ?
      Pour un benêt de précepteur ?
J'euffe été bien venu, quand j'en ferois capable.
Mais a-t'on jamais fait payer au ferviteur
Les fotifes du Maître ? Il eft affez probable
Que je ne perdois pas deffus, grace à mes foins ;
Et j'allois m'arranger pour y perdre encor moins.
Serviteur : on me chaffe : où diantre faire voile ?

SCENE II.

ROSETTE, LA FLEUR.

ROSETTE.

LA Fleur, que fais-tu-là ?

LA FLEUR.

Je maudis mon étoile.

ROSETTE.

Ton étoile ! comment est-ce qu'en bonne foi
Tu crois en avoir une à toi ?
Qu'as-tu ? Qu'arrive-t'il dans tes affaires ?

LA FLEUR.

J'ai
Que Madame m'a fait agréer mon congé.

ROSETTE.

Ton congé, mon Enfant ?

LA FLEUR.

Oui, pour présent de nôce.

ROSETTE.

Qu'as-tu fait !

LA FLEUR.

Moi ?

ROSETTE.

Tu mens.

LA FLEUR.

Mon crime est d'être un sot.

ROSETTE.

Hé bien, tu mens encor.

LA FLEUR.

On m'impute un négoce

Que mon Maître a baclé , fans m'en dire un feul mot
Et la prévention demeurant la plus forte ,
       L'innocence eft mife à la porte ;
On m'oblige avec elle à prendre mon parti :
       Je vais lui chercher un refuge.
            R O S E T T E.
Regrette moins ton Maître ; il t'auroit perverti.
D ailleurs , peut-on fçavoir d'où vient tout ce gra-
       buge ?

S C E N E   I I I.

Mad. A R G A N T , R O S E T T E.
L A F L E U R.

Mad. A R G A N T.

Comment , ce misérable eft encore en ces lieux ?
Fidelle confident d'un trop coupable Maître....
            L A F L E U R.
Madame , en vérité , l'Enfant qui vient de naître....
            Mad. A R G A N T.
Tais-toi ; fors ; & jamais ne parois à mes yeux.

SCENE IV.

Mad. ARGANT, ROSETTE.

ROSETTE.

M'Est-il permis d'entrer dans vos douleurs secret-
    tes ?
D'où viennent donc ces pleurs qui coulent mal-
    gré vous ?
Je ne vous vis jamais dans l'état où vous êtes.

Mad. ARGANT.

On ne reçut jamais de plus sensibles coups.
On vient d'empoisonner le bonheur de ma vie...
Mon cœur est suffoqué.... je ne puis respirer.
[Rosette lui donne un fauteuil.]
Avec indignité ma tendresse est trahie.
Ai-je assez de sujets de me désespérer ?
L'objet , dont je n'étois que trop préoccupée,
Que j'aimois du plus tendre , ou du plus fol amour,
Mon fils.... Ce n'est qu'un fourbe. Il m'a toujours
    trompée.
Sa perfidie enfin éclate au plus grand jour.
Ce qui vient d'arriver ne m'en laisse aucun doute.
Je faisois tout pour lui ; Rosette , tu le sçais ;
Et je craignois toujours de n'en pas faire assez.
J'aurois donné mon sang jusqu'à la moindre goutte
Pour assurer le sort , la fortune , & l'état
Du cruel qui m'a fait l'offense la plus noire.
Une famille illustre ouvroit à cet ingrat
Le chemin le plus sûr qui conduit à la gloire ;
Dans leur sein, dans leurs bras il alloit être admis;
Il alloit devenir leur plus chére espérance ,
L'objet de tous leurs soins. Ah, quelle différence !

Ils vont être à jamais ses plus grands ennemis.
ROSETTE.
Auroit-il refusé cette grande alliance ?
Mad. ARGANT.
  Aprends comme il s'est perdu.
Nous étions assemblez : il étoit attendu.
Moi-même j'aspirois, avec impatience,
Au plaisir de le voir, de jouir des effets
  Que devoit produire sa vûë ;
Je comptois les momens.... attente superfluë !
Au mépris des sermens que le traître m'a faits,
D'étouffer un amour qu'il condamnoit lui-même ;
De l'erreur de ses sens loin d'être détrompé,
Il s'y sacrifioit ; & n'étoit occupé
Que du soin d'enlever cette fille qu'il aime.
Ne sçachant que penser d'un retard indiscret,
Pour l'excuser encore je faisois mon possible ;
Enfin, l'on est venu m'en instruire en secret.
Non, un coup de poignard m'eût été moins sensible.
Alors, pleurant de rage, il a fallu sortir.
Juge de mon état, de la douleur amére,
De la confusion que j'ai dû ressentir.
Je suis desespérée... Oh, déplorable mere !
  C'en est fait, je n'ai plus de fils.
ROSETTE.
On pourra le sauver.
Mad. ARGANT.
   Ah ! la raison m'éclaire.
Je pénétre plus loin que jamais je ne fis.
Suposé que l'on puisse apaiser cette affaire,
Et dérober sa tête aux rigueurs de la loi,
  En est-il moins perdu pour moi,
Si-tôt qu'il ne peut plus mériter ma tendresse ?
Sous les dehors trompeurs d'un caractére heureux,
Je vois qu'il a toujours abusé ma foiblesse.
  Ce trait de lumiére est affreux.
Ah, grand Dieu ! que j'étois cruellement séduite !

J'en mourrai de douleur.
ROSETTE.
                    Mais il pourroit un jour...
Mad. ARGANT.
Non, quand la confiance est une fois détruite,
C'en est fait, pour jamais il n'est plus de retour.
Rosette, laisse-nous.

SCENE V.

M. ARGANT, Mad. ARGANT.

Mad. ARGANT *se levant.*

HE' bien, quelle nouvelle ?
En a-t'on ? l'avanture est elle aussi cruelle
        Qu'on le dit ?
M. ARGANT.
                    Je vous en réponds.
Avec son bel esprit qui vous avoit séduite,
Votre fils, comme un sot, a donné tout de suite
Dans un piége grossier tendu par des fripons ;
Et le premier exploit de ses premiéres armes
Est un enlévement bien conditionné.
        Dans un azile détourné
Il croyoit emmener, sans trouble & sans allarmes,
Son illustre conquête ; il n'avoit rien prévû ;
Lorsque trahi par elle & pris au dépourvû,
        On est venu troubler sa joye.
L'indiscret, qui pouvoit échaper sans éclat,
        Au lieu d'abandonner sa proye,
A tous ses assaillans a livré le combat ;
Mais, étant le plus foible, il a fallu se rendre.

Il est entre leurs mains , pris & même blessé.
Mad. A R G A N T.
Blessé ? le malheureux ! quel parti faut-il prendre ?
M. A R G A N T.
Mais Doligni , que j'ai laissé ,
Croit avoir quelque espoir d'empêcher les poursuites;
Et , comme il est intelligent ,
Peut-être avec beaucoup d'argent ,
Cette avanture-là n'aura pas d'autres suites,
Mad. A R G A N T.
Les suites n'en seront funestes que pour moi.
Idole de mon cœur ? malheureuse chimére !
Fils indigne ! Ah ! le Ciel te devoit une Mere
Incapable d'avoir le moindre amour pour toi.
Est-ce au fond de mon sein qu'il a puisé ces vices ?
Pour lui seul j'ai laissé ma fille dans l'oubli ;
La moitié de mon sang y reste enséveli ;
Je saisois à l'ingrat les plus grands sacrifices :
Et voilà tout le fruit que j'en vais retirer !
Ma honte est mon salaire ! hélas , qui l'eût pû croire ?
Pour détacher mon cœur , il faut le déchirer :
Mais je remporterai cette affreuse victoire.
Va , ma haine commence où mon erreur finit.
A Mr. Argant.
Triomphez.... le Ciel me punit,
M. A R G A N T.
Hé ! ne séparez point mon intérêt du vôtre.
Sans nous rien reprocher , gémissons l'un & l'autre
Sur les égaremens de ce fils trop ingrat.
Si je l'ai toujours vû d'un œil un peu sévere ,
Je n'en avois pas moins des entrailles de Pere :
Je l'aimois comme vous ; mais avec moins d'éclat ?
Je tenois ma tendresse un peu plus renfermée ;
Et je ne demandois à votre ame charmée ,
Que de cacher l'excès de son enchantement.
Hélas ! Si quelquefois je vous en ai blâmée ,
Excusez le motif ; trop sure d'être aimée ,

La jeuneſſe abuſe aiſément
Du foible qu'on a pour ſes charmes.
Plus les enfans ſont chers, plus il eſt dangereux
De leur trop laiſſer voir tout ce qu'on ſent pour eux.
Je gémis du ſujet qui fait couler vos larmes :
Votre courroux eſt juſte ; Argant l'a mérité.
Mais ſi vous le voyez, comme je l'enviſage,
Au milieu des tranſports & des fougues d'un âge
Où la raiſon n'eſt pas à ſa maturité,
Vous devez conſerver un rayon d'eſpérance.
Je l'ai laiſſé confus, honteux, mortifié.
Je crois que ſon état eſt digne de pitié.
Un malheur inſtruit mieux qu'aucune remontrance.
Il peut ſe corriger. Il eſt encore à tems.
Ce qu'il vient d'eſſuyer finira ſon yvreſſe.
Hé ! croyez qu'il n'eſt point de plus ſûre ſageſſe
Que celle qu'on acquiert à ſes propres dépens.

Mad. ARGANT.

Diſcourez un peu moins, & montrez-vous plus ſage.

M. ARGANT.

Moi ?

Mad. ARGANT.

Sans doute.

M. ARGANT.

Et mais, s'il vous plaît,
Qui peut me procurer cet avis à mon âge ?

Mad. ARGANT.

Vous ne l'ignorez pas.

M. ARGANT.

Je ne ſçais ce que c'eſt.
Je n'en ai, je vous jure, aucune connoiſſance.

Mad. ARGANT.

A quoi ſert d'affecter cette fauſſe innocence ?
Hé ! comment voulez-vous que je ne ſçache pas,
Ce qu'ici perſonne n'ignore ?

M. ARGANT.

Voyons, que ſçavez-vous encore ?

Mad. ARGANT.

Que votre fils n'a fait que marcher fur vos pas.
Monfieur, vous lui traciez une route affez belle.
Sans doute il vous fied bien de prendre fon parti,
Puifqu'en effet c'eft vous qui l'avez perverti !

M. ARGANT.

J'entends ; voilà l'effet d'un raport infidelle !

Mad. ARGANT.

Et quel moyen, hélas ! de n'être pas féduit
Par l'exemple effrené des foibleffes d'un pere ?
Quel caractére heureux n'en feroit pas détruit ?
Ah! c'eft, de plus en plus, ce qui me defefpére.
Qui recevra mes pleurs ? Qui fermera mes yeux ?

M. ARGANT.

Vous vous abandonnez à de fauffes allarmes.
Calmez - vous fur mon compte ; & jugez un peu
　　mieux . . . .
　　　　Mais on vient ; fufpendez vos larmes.

SCENE VI.

M. DOLIGNI *pere*, M. ARGANT,
Mad. ARGANT.

M. ARGANT.

Quoi ! déja de retour ?

M. DOLIGNI.

Oui, vraiment, me voilà.

M. ARGANT.

Vous n'aurez pû conclure avec ces coquins-là ;
Leurs propositions sans doute vous effrayent ?

M. DOLIGNI.

J'ai trouvé, par bonheur, de ces gens qui se payent
De raison & d'argent comptant.
A l'honneur de leur fille il n'en faut plus qu'autant.
J'ai réglé, moyennant une somme affez forte,
Dont ces honnêtes gens font contens.

M. ARGANT.

Eh qu'importe !

M. DOLIGNI.

Si vous le trouvez bon, sans perdre un seul moment,
Il faut aller signer & consommer l'affaire.
Ce n'est pas loin d'ici ; c'est chez votre Notaire,
Où l'Acte est tout dreflé.

M. ARGANT.

Courons-y promptement ;

[*A Mad. Argant.*]

Supofé, cependant, que cela vous convienne.

Mad. ARGANT.

Allez, Meflieurs.

M. ARGANT.

Partons.

SCENE VII.

Mad. ARGANT *seule*.

ET nous, réglons aussi
L'affaire qui me reste à terminer ici.
Rosette ? Hola, quelqu'un ? Que Marianne vienne,
Voyons donc ce que c'est ; perçons l'obscurité,
Dont le mystére ici couvre la vérité.
Quoi ? tout ce qui m'est cher s'unit & se rassemble :
Pour me faire essuyer tous les malheurs ensemble !
Mon époux & mon fils ? . . . J'adorois deux in-
    grats ! . . .
Ma Rivale paroît ; . . . ne la ménageons pas.
Je te rendrai du moins outrage pour outrage.
Sçachons qui de nous deux doit imposer la loi.

SCENE VIII.

MARIANNE, Mad. ARGANT.

MARIANNE *à part.*

QUe s'est-il donc passé ? Je vois, sur son visage,
Tous les traits du courroux qui va tomber sur moi.

Mad. ARGANT.

Aprochez. N'êtes-vous point lasse
Du plaisir de semer le divorce en ces lieux ?
N'en pouvez-vous jouir, si ce n'est sous mes yeux !
Voulez-vous me réduire à vous demander grace ?
Ou faut-il vous céder ? Prononcez entre nous.

MARIANNE *à part.*

Sans doute que j'ai fait rompre ce mariage ?

Mad. ARGANT.

Répondez donc ?

MARIANNE.

Hélas ! je tombe à vos genoux.

Mad. ARGANT.

Portez ailleurs ce faux hommage.
Levez-vous Les soupirs, les pleurs font superflus.
Ce ne sont pas toujours des preuves d'innocence.

MARIANNE.

Disposez de mon sort. Que voulez-vous de plus ?
N'est-il pas en votre puissance ?
Ordonnez ; & comptez sur une obéissance
Qui servira du moins à me justifier.
Délivrez-vous de ma presence.
Je ne demande, hélas ! qu'à me sacrifier.

Mad. ARGANT.

Qu'à vous sacrifier ? Est-ce ici votre place ?

MARIANNE.

Je n'ai que du malheur, vous pouvez m'en punir.

Mad. ARGANT.

Mais le malheur ici, vous a-t'il fait venir?

MARIANNE.

Accufez mon erreur & non pas mon audace.
Madame, on m'a trompée en m'amenant ici:
C'eſt une vérité qui peut être atteſtée.
Si j'avois été libre, y ſerois-je reſtée?
D'aujourd'hui, feulement, mon fort eſt éclairci.
Et dès que je l'ai ſçû, j'ai tout mis en uſage
Pour qu'on me laiſſât fuir: Je n'ai pû l'obtenir.
Ai-je rien de plus cher que de vous réünir?

Mad. ARGANT à part.

O ciel! d'une rivale eſt-ce-là le langage?
J'ai peine à réſiſter à ſon air ingénu.

[A Marianne.]

Cette énigme eſt aſſez difficile à comprendre.
Votre fort, dites-vous, vous étoit inconnu?
Quel eſt donc ce Roman!

MARIANNE.

On a dû vous l'aprendre.
Vous ſçavez qui je fuis?

Mad. ARGANT.

C'eſt un fecret pour moi.

MARIANNE.

On ne vous a point dit qui j'étois?

Mad. ARGANT.

Je l'ignore.
D'où vient ce nouvel effroi?

MARIANNE.

Je frémis d'une erreur où je vous vois encore.

Mad. ARGANT.

Cherchez donc à la diſſiper.

MARIANNE à part, en regardant par-tout.

Hélas! je ne vois point mon Pere,

Mad. A R G A N T.

Mais ne vous flattez pas de pouvoir me tromper.

MARIANNE *à part.*

Cet abandon me defefpére.

Mad. A R G A N T.

Que cherchent vos regards ? Epargnez - vous ces
foins.

Parlez en liberté, nous fommes fans témoins.

M A R I A N N E.

Quand vous me connoîtrez. . . .

Mad. A R G A N T.

Quelle eft votre fortune ?

M A R I A N N E.

Qui moi ? je n'en poffède & n'en prétends aucune.

M. A R G A N T.

Que faifiez-vous auparavant ?

M A R I A N N E.

Je menois hors du monde une vie inconnuë.

Mad. A R G A N T,

Continuez.

M A R I A N N E.

Dans un Convent,
Depuis que je fuis née, on m'a toujours tenuë.
Fixez-y mon deftin. Je fuis préte à partir.
J'offre d'y retourner, pour n'en jamais fortir.

Mad. A R G A N T *à part.*

Je n'en avois jamais été fi bien frapée.

[*Haut.*]   [*A part.*]

Comptez fur mes fecours... On peut l'avoir trompée.

[*Haut.*]

Je vous les offre volontiers.

Quel fut votre Convent ? Parlez avec franchise !

MARIANNE.

Vous pouvez le connoître.

Mad. ARGANT.

Où vous avoit-on mise ?

MARIANNE.

Mais c'étoit auprès de Poitiers.

Mad. ARGANT.

[*A part.*]

De Poitiers, dites-vous ? Useroient-ils d'adresse ?

[*Haut.*]

C'est un fait qui peut être aisément éclairci,

MARIANNE.

Je le sçais.

Mad. ARGANT *à part.*

En effet, seroit-elle ma niéce ?

[*Haut.*]

C'est le même Convent où ma fille est aussi.

[*A part.*]

Que je suis coupable envers elle.

[*Haut.*]

Vous l'avez donc vûe ?

MARIANNE.

Oui.

Mad. ARGANT.

Si vous la connoissez,
Je suis Mere, excusez des desirs empressez ;
Vous pouvez m'en tracer une image fidelle.
Faites-moi son Portrait... Quoi ! vous ne l'osez pas ?
Je ne me flatte point qu'elle ait autant d'apas
Que vous en avez en partage.

MARIANNE.

Ne me preſſez pas davantage.
De vous entretenir de ſes foibles attraits.

Mad. ARGANT.

En ſeroit-elle dépourvuë ?....
Vous rougiſſez touiours, & vous baiſſez la vûë?

MARIANNE.

Connoiſſez la par d'autres traits
Plus précieux, plus chers & pour vous & pour elle :
C'eſt ſa ſoumiſſion & ſon profond reſpect.
Cet éloge n'eſt point ſuſpect.
Quels que ſoient vos deſſeins, elle y ſera fidelle;
Votre fille, à jamais, ſçaura s'y conformer.
Vos projets lui ſont tous auſſi chers qu'à vous-même,
Il me reſte à vous informer....

Mad. ARGANT.

De quoi donc ? Achevez.

MARIANNE.

De ſa tendreſſe extrême;

SCENE IX.

M. ARGANT, M. DOLIGNI *pere,*
Au fond du Théatre.
Mad. ARGANT, MARIANNE.

Mad. ARGANT.

HE' pour qui !
MARIANNE.
Le demandez-vous?
Pour une Mere qu'elle adore.
Mad. ARGANT.
Moi, puis-je mériter des sentimens si doux?
Elle ne m'a point vûë encore.
MARIANNE.
Hélas ! Pardonnez-moi.
Mad. ARGANT.
Que dites-vous? Comment?
Eclaircissez en ce moment
Le mystére que vous me faites.
Seriez-vous !... Plût au Ciel !... Dites-moi qui
vous êtes.
Ma Niéce... Si j'en crois des transports pleins d'apas,
Vous devez m'être bien plus chére.
M. ARGANT *s'aprochant.*
Votre cœur ne vous trompe pas.
Embrassez votre fille.
Mad. ARGANT *embrassant sa fille qui se jette à ses genux.*
O trop heureuse Mere !
MARIANNE.
Qu'il m'est doux de me voir entre des bras si chers !

Mad. ARGANT.

Pardonnez-moi tous deux, & partagez ma joie.
Dans la félicité que le Ciel me renvoye,
Je retrouve au-delà de tout ce que je perds.

M. ARGANT.

Vous me pardonnez donc cette ruse innocente ?

Mad. ARGANT.

Si je vous la pardonne ! Elle fait mon bonheur.

M. DOLIGNI père.

Nous en voilà pourtant venus à notre honneur !

M. ARGANT.

Ma femme, il faut aussi que mon fils s'en ressente.
Sous le poids de sa faute il paroit abattu.
Je crois, pour l'avertir, qu'on peut tout s'en pro-
        mettre.
Il n'oseroit paroitre. Ah ! daignez lui permettre
De venir à vos pieds reprendre sa vertu.

Mad. ARGANT.

Je ne puis.

MARIANNE.

        Oserois-je, en faveur de mon frere,
Unir ma foible voix à celle de mon Pere !
Pour qui réservez-vous un généreux pardon ?
Me refuserez-vous une première grace !

Mad. ARGANT.

        L'ingratitude la plus basse
        Mérite un entier abandon.
    [à M. Doligny.]
Apellez votre fils ; qu'il vienne en diligence.
    [M. Doligni va pour faire avancer son Fils.]
M. ARGANT.

Je croirois que c'est trop écouter la vengeance,
Et que le châtiment d'un si cher criminel
Doit être passager & non pas éternel.

SCENE X.

M. DOLIGNI *pere*, M. DOLIGNI *fils*, M. ARGANT, Mad. ARGANT, MARIANNE.

M. ARGANT *à Mr Doligni pere.*

Monsieur, voici ma fille & ma seule héritiére.
Je deshérite Argant ; j'en prononce l'Arrêt ;
Ma fille occupera sa place toute entiére.
Je sçais que votre fils l'adore , & qu'il lui plaît.
Ne vous en cachez point. Leur amour m'intéresse.
Qu'ils recueillent tous deux le fruit de leur tendresse.

MARIANNE.

Eh ! Madame , croyez le serment que j'en fais,
S'il en coûte si cher à mon malheureux frere ,
J'aime mieux, avec lui, pleurer votre colére,
  Que d'en accepter les bienfaits.

Mad. ARGANT.

Hé, que veux-tu ?

MARIANNE.

  Sa grace. Elle sera la mienne.
Si vous l abandonnez , que faut-il qu'il devienne?

Mad. ARGANT.

Il n'auroit pas parlé de même en ta faveur.

MARIANNE.

Il m'aimera Craignez l'effet de sa douleur,
  Et de son desespoir extrême.

Mad. ARGANT.

Qui me garantira ce retour sur lui-même ?

MARIANNE.

Sa faute & ses remords.

Mad. ARGANT.

    Tu m'imposes la loi.

Puiſſe ce malheureux te prendre pour exemple !
Mais avant qu'un pardon plus ample
Lui faſſe partager ma tendreſſe avec toi ,
Je veux d'un œil ſévére obſerver ſa conduite.
L'ingrat, juſqu'à ce jour, ne m'a que trop ſéduite.
[*A M. Doligni fils.*]
Vous, recevez ma fille & vivez avec nous ;
Je ne puis me réſoudre à me ſéparer d'elle ;
C'eſt la condition que j'exige de vous.
M. D O L I G N I *fils.*
C'eſt rendre encor plus chére une union ſi belle.
M. A R G A N T.
Enfin, vous me voyez au comble de mes vœux.
En aimant ſes Enfans , c'eſt ſoi-même qu'on aime.
Mais , pour jouir d'un ſort parfaitement heureux ,
Il faut s'en faire aimer de même.
Comptez qu'on ne parvient à ce bonheur ſuprême
Qu'en partageant ſon ame également entr'eux.

Fin du cinquiéme & dernier Acte.

COMPLIMENT
AU ROY,

PAR M. DE LA CHAUSSE'E,
de l'Académie Françoise.

NFIN je te revois, cher & nouvel
    AUGUSTE.
Que mon cœur, en secret, a toujours en-
    cenfé.. ..
Pardonne, en ce moment, le tranfport le plus jufte;
Qui le fçait exciter n'en peut être offenfé.
Non, l'effor que je prends ne fçauroit te déplaire :
Le moindre des mortels, fans être téméraire,
Peut laiffer voir aux Dieux tout ce qu'il fent pour eux.

    FRANCE, tu m'aplaudis, le mêmè amour t'inf-
        pire ;
Tu n'as plus qu'à jouir du fort le plus heureux
Tu viens de recouvrer l'Ame de ton Empire.
    ET TOI, daigne agréer l'hommage mérité
Que t'offre, par ma voix, la fimple Vérité.
La feule Flatterie a befoin d'être ornée :
Eh, quand nous t'offririons fes dangereux attraits,
Tu ne recevrois point la Coupe enpoifonnée
Que le commun des Rois aime à boire à longs traits:
Fuis Malheureufe, ailleurs va porter tes preftiges,
Tu n'élevas jamais de véritable Autel.

POURSUIS, PRINCE, pourſuis ton cours & tes
      prodiges !
Tel jadis commença ton AYEUL immortel…
Que ſuis-je… A peine entré dans la même carriére,
Quel amas de lauriers * ! La plus forte barriére
N'eſt qu'un frivole obſtacle à tes premiers travaux ;
Et l'altiére Cité ** qui bravoit ton tonnerre,
Sur ſes débris ſanglans ſert d'exemple à la terre :
Tremblez, fiers Ennemis … Vous Amphions nou-
      veaux,
Formez-vous deſormais à l'ombre de ſa gloire…
Qui peut mieux vous ouvrir le Temple de Mémoire ?
Chantez, Muſes, chantez, voilà votre Apollon….

MAIS quels que ſoient les chants qu'elles faſſent
      éclore,
Vois au fond de nos cœurs, tu liras plus encore
Que n'en peut exprimer tout le ſacré Vallon.

* Ypres, Furnes, Menin.
** Fribourg.

FIN.

LE RIVAL

DE LUI-MÊME,

COMEDIE

EN UN ACTE EN VERS,

PRÉCÉDÉE D'UN PROLOGUE,

Avec des Divertissemens.

ACTEURS DU PROLOGUE.

LA FLEUR, Valet de Varfeuil.

Troupe de MENESTRIERS de Village.

Un ENTREPRENEUR D'OPERA;
avec fa Troupe.

Une Troupe de VILLAGEOIS chantans &
danfans.

*La Scène eft dans l'endroit d'un Bois, où
plufieurs routes forment un grand rond.*

PROLOGUE.

PROLOGUE.

SCENE PREMIÉRE.

LA FLEUR, *suivi de plusieurs. Ménestriers*
de Village.

M E voilà bien chanceux, par la morbleu
  j'enrage,
Notre Fête ira mal, ou n'ira point du tout;
Tout manque à point nommé, ma foi je
  suis à bout,
Comédie, Opera, tout est en garouage,
Acteurs, Chanteurs, Danseurs, tous sont las,
  harrassez,
  La France n'en a plus assez
Pour suffire à sa joïe & célébrer sa gloire :
Que diantre, c'est toujours victoire sur victoire,
Tout s'enfuit, un triomphe à l'autre est enchaîné,
  Et ce qu'on aura peine à croire,
Au milieu des rigueurs d'un Hyver obstiné,
Dans des tems consacrez à chanter, rire & boire,
Ne les voilà-t-il pas qui, malgré la saison,
  Vous prennent encor à foison
Des Pays, des Cités, des Drapeaux, des Gendarmes
Tant qu'on n'en sçait que faire ? Honneur soit à no's
  Armes.

Tome II.   N

Moi je n'y fçais plus rien , depuis deux mois entiers
        Que je me tourmente fans cefie....
Au demeurant voilà tous les Meneftriers
Qu'on n'a pas employés , & que j'améne en lefse.
Or fus , fçachons du moins s'ils fçauroient par hazard
Les menuets nouveaux avec les contredanfes :
Ça , Meffieurs , donnez-nous quelque efsai de votre
        Art ;
Allons , fredonnez-nous trois ou quatre cadences.
    *L'Orcheftre jouë mal le commencement d'un Menuet
fort commun.*
        On crie derriére le Théâtre.
Arrête , ah ! nous verfons.

LA FLEUR.

                        Quel vacarme eft-ce-là ?
Voyons donc ce que c'eft qui nous arrive-là.

SCENE II.

*Troupe de Musiciens & de Musiciennes,
qui arrivent un peu en desordre
avec l'Entrepreneur.*

L'ENTREPRENEUR *en guêtres, & en
habit de campagne.*

PEste soit du Cocher, maugrebleu de la chute,
    Rien ne manque à notre culbute,
Il faut que je sois bien maudit, encor un coup,
    Ah! le métier y fait beaucoup.

LA FLEUR.

Pour sçavoir à peu près quelle est cette avanture,
Il ne faut pas long-tems se donner la torture.
   [*A l'Entrepreneur.*]
Monsieur, n'êtes-vous pas l'Opéra?

L'ENTREPRENEUR.

            Vraiment oui,
Et c'est pour mes péchés.

LA FLEUR.

           J'en suis fort réjoui:
Peut-on sçavoir où vous & votre compagnie,
    En habit de cérémonie,
Alliez ainsi trottant?

L'ENTREPRENEUR.

         Si vous le demandez,
Dans la Ville prochaine où nous sommes mandez,
Nous allions en passant signaler notre zèle,

Et donner ce foir-même une Fête nouvelle ;
Nous répétions chemin faifant.

LA FLEUR.

Vous répétiez en l'air ?

L'ENTREPRENEUR.

C'eft la mode à préfent ;
Et trop heureux encor je leur en dois de refte,
Je comptois arriver, quel contre-tems funefte ?
Il ne faut plus y penfer, car
Jufqu'à ce que l'on ait rajufté notre char....

LA FLEUR.

En attendant, Monfieur, je vous offre un azile ;
Où vous pourrez nous être utile,
C'eft-là dans ce Château que vous voyez là-bas.
J'y prépare une Fête où vous ne nuirez pas.

L'ENTREPRENEUR.

Parlez-vous tout de bon ?

LA FLEUR.

Ce n'eft point raillerie ;
Nous fommes fort heureux de nous être trouvez ;
Vous nous régalerez de quelque drôlerie,
Vous ferez bien payez, encor mieux abreuvez.

L'ENTREPRENEUR.

Cela ne s'eft jamais refufé.

LA FLEUR.

Le tems preffe,
Suivez-moi, vous pouvez compter fur ma promeffe.
[à part.]
Le beaucoup de filet ! Allons, je vais devant.

L'ENTREPRENEUR à part.

Voilà mon infortune à peu près réparée ;
[Haut.]
Monfieur, je fuis à vous, fouffrez qu'auparavant
Je voye en quel état eft ma troupe effarée,

Car un rien les démonte. Allons, arrivez tous,
Mefdames & Meffieurs, venez, raffemblons-nous.

[*On joüe une Marche, & tous les Acteurs paffent
en revuë.*]

L'ENTREPRENEUR.

A merveille. De grace, un moment d'audience;
Voulez-vous bien avoir encor la patience
De répéter un peu.

TOUS *en chantant & en danfant.*

Répétons, répétons,
Chantons, danfons, danfons, chantons.

L'ENTREPRENEUR *à une Chanteufe.*

A vous, ma chére Demoifelle,
Allons, animez-vous un peu.

[*A la Fleur.*]

C'eft une Ariette vive, un morceau plein de feu.

LA FLEUR.

C'eft comme je les aime.

L'ENTREPRENEUR *à l'Orcheftre.*

Un bout de Ritournelle.

*L'Orcheftre joue une Ritournelle d'un mouvement
très-vif.*

La Chanteufe déclame.

Trop d'horreur régne encor dans mes fens éperdus,
Mes accens malgré moi demeurent fufpendus,
Le danger dont je fors les arrête au paffage,
Il enchaine ma voix, & m'en ôte l'ufage.

LA FLEUR.

Prétendez-vous donner cela pour du joyeux?

L'ENTREPRENEUR *à la Chanteufe.*

Tâchez de vous ravoir, votre air eft merveilleux...

LA CHANTEUSE *déclame.*

Que je chante à préfent, ah, quelle tyrannie!

J'abjurerois plûtôt le Dieu de l'harmonie ;
Puis-je exprimer l'horreur des flots tumultueux.
Et comment imiter les haleines bruyantes
        Des Aquilons impétueux ?
Quel moyen de former ces cadences brillantes,
        Ces roulemens plus prompts que les éclairs ;
Et ces sons éclatans qui remplissent les airs ?

UN ACTEUR.

Ne comptez pas si-tôt sur nos divins accens,
La frayeur pour huit jours enchaîne tous nos sens.

L'ENTREPRENEUR.

Par la morbleu voilà toutes comme vous êtes ,
Ce font-là tous les jours les tours que vous me faites ,
Et le moindre prétexte est pour vous un bonheur ;

[*à part.*]

Je suis desespéré. Filons doux avec elles.

[*Aux autres.*]

        De grace , allons Mesdemoiselles ,
        Eh , piquez-vous un peu d'honneur ,
Voilà le monde qui s'amasse.

SCENE III.

Entrée de Villageois & de Villageoises.

UN VILLAGEOIS.

HE', Mathurine arrive, on danse, on chante ici,

MATHURINE.

Hé bien j'y chanterons, j'y danserons aussi.

L'ENTREPRENEUR *au Villageois.*

Mes enfans, laissez-moi de grace.

MATHURINE.

Eh! ne nous rabrouez pas tant,
Pardine, en cas de joie elle est à tout le monde.

LE VILLAGEOIS.

Je sentons le plaisir une lieuë à la ronde.

L'ENTREPRENEUR.

Vous danserez dans un instant.

A un Chanteur.

Vous, tâchez d'engager cette aimable Syréne,
A répéter du moins avec vous une Scéne.

LE CHANTEUR.

Air chanté.

Déployez vos aimables sons,
Chantez, Philoméle s'aprête
A recevoir de vos leçons ;
Voulez-vous qu'on voye à la Fête
Les ris & les jeux les plus doux ?
Chantez, ils y voleront tous.

LA CHANTEUSE.

Air chanté.

A ces chants pleins de charmes
Il faut rendre les armes.
Vous triomphez , quels sont délicieux !
Quand vous faites briller cette voix si touchante ;
Je suis dans les cieux ;
C'est l'Amour qui chante
A la Table des Dieux.

L'ENTREPRENEUR.

Que diable tout cela n'est pas de votre Rôle ,
Et vous vous amusez tous deux
A vous donner l'encens le plus frivole ,
A vous complimenter ; portez plus haut vos vœux ,
Loin de vous enyvrer de louanges si fades ,
Ce n'est point de vos camarades
Que vous devez priser les aplaudissemens ;
Attirez les empressemens.
Du public qui nous abandonne ;
Persuadez-vous bien qu'une Actrice n'est bonne
Qu'autant qu'elle lui plait , c'est lui qui la soutient ;
La meilleure ne vaut qu'autant qu'elle raporte.
Le véritable encens se donne à notre porte ,
Et le plus sûr éloge est l'argent qui m'en vient.

UN VILLAGEOIS *chante.*

A quoi sert tant de stratagême ?
J'en agissons plus rondement ;
Je chantons bonnement ,
Je nous aimons de même.

LA VILLAGEOISE *chante.*

Je laissons aller notre voix
A l'avanture ;
Le Rossignol des Bois
Sçait-il la tablature ?
Je l'imitons ,

J'avons pour maître la Nature,
Et l'amour que je nous portons.

Cela se chante en Chorus par tous les Villageois
& Villageoises.

La Fleur chante avec eux.

LA FLEUR.

Ils n'ont ma foi pas tort, leur méthode est fort bonne.
Quant à l'autre, ma foi, je suis votre valet.

L'ENTREPRENEUR.

Laissons donc-là le Chant, & voyons le Ballet ;
Puisse-t'il aller mieux, passons à la Chaconne.

Le Divertissement finit par une Chaconne, dansée
alternativement par les Danseurs & par les Villageois.

Fin du Prologue.

A C T E U R S.

LA FLEUR.

LE MAGISTER.

VARSEUIL, sous le nom de GELADON.

LE MARQUIS D'OSVILLE.

OLIVIER, Valet du Marquis.

EMILIE.

LORETTE, Suivante d'Emilie.

Muficiens, Muficiennes, Danfeurs & Danfeufes.

LE RIVAL
DE LUI-MÊME,
COMEDIE,
Avec un Divertiffement.

SCENE PREMIERE.

LA FLEUR & LE MAGISTER, *Des Ouvrier*
décorateurs & autres paroiffent dans le fond.

LA FLEUR,

OYONS fi tout eſt prêt dans cet endroit
champêtre,
Pour la Fête que doit ce foir donner
mon Maître.

LE MAGISTER,

Bon jour, Monſieur la Fleur, voyez fi je l'entends.

LA FLEUR *d'un air dédaigneux.*

[*A part.*]

Oüi da.　Faiſons l'habile, il faut que je contrôle.

[*Haut.*]

Monſieur le Magiſter, ceci n'eſt pas mal drôle.

N. 6.

J'aurois pourtant voulu....
LE MAGISTER.
Quoi?
LA FLEUR.
Mais il n'eſt plus tems.
LE MAGISTER.
Pour voir tout le coup d'œil, c'eſt-là qu'il ſe faut
  mettre.
Dans un plan régulier , on fait ce que l'en veut,
Mais quand il ne l'eſt pas, on fait ce que l'on peut.
LA FLEUR.
Sans doute.
LE MAGISTER.
Hé bien?
LA FLEUR à part.
Mon Maître eſt un peu Géométre.
Lâchons-lui quelques-uns de ces mots inconnus,
[Haut.]   Que j'ai malgré moi retenus.
Il auroit été mieux, pour plus de ſymétrie,
Que cet angle ſaillant fût un peu moins obtus.
LE MAGISTER.
Plaît-il ?
LA FLEUR.
Ignorant, c'eſt de la Géométrie.
LE MAGISTER.
Je n'en connois pas les vertus.
D'ailleurs, on n'en eſt pas plus ſot.
LA FLEUR.
C'eſt autre choſe.
LE MAGISTER.
Je n'imagine pas que Monſieur la Fleur gloſe
Sur la taille de ce berceau.
LA FLEUR.
Oui ; c'eſt un aſſez fier morceau.
Mais le pourtour en eſt un peu trop circonflexe,
Et la concavité m'en paroit trop convexe.
LE MAGISTER.
Comment ?

LA FLEUR.

Vous m'entendez, je crois?

LE MAGISTER.

Moi, point du tout.

LA FLEUR.

[*A part.*]   [*Haut.*]

Hé bien, ni moi non plus. C'eſt affaire de goût.
Tout eſt à cela près comme cela doit être,
Vous n'en ferez pas moins bien payé par mon Maître.

LE MAGISTER.

Je compte fur votre bonté.

LA FLEUR.

Oüi, vous pouvez enfler tant foit peu le Mémoire,
Et nous. . . .

LE MAGISTER.

Je vous comprends... Donnez-vous dequoi boire?

LA FLEUR.

Dequoi boire?

LE MAGISTER.

A votre fanté.

LA FLEUR.

Parbleu ſi j'en avois, je boirois bien moi-même.]
Adieu. Voici mon Maître.

SCENE II.

VARSEUIL *sous le nom de* GELADON, *& LA FLEUR.*

GELADON.

HE' bien, tout est-il prêt ?

LA FLEUR.

Regardez.

GELADON.

Et le reste.

LA FLEUR.

Ah ! Monsieur, que l'on est
Impatient lorsque l'on aime.

GELADON.

As-tu mis ordre à tout ?

LA FLEUR.

Mieux que vous ne croyez.

GELADON *en regardant la Fleur.*

Comme te voilà.

LA FLEUR.

Vous voyez.
C'est un habit de goût que j'ai pris pour la Fête.
Ah ! j'ai fait par hazard un beau coup de ma tête.

GELADON.

Quoi ?

LA FLEUR.

Les Comédiens nous ont manqué tout net.
Mais au lieu de la Comédie
Que vous deviez avoir, vous aurez un Ballet.

GELADON.

Un Ballet me dis-tu ?

LA FLEUR.

Je vous le notifie.

GELADON.

Et comment ? avec quoi ?

LA FLEUR.

Je viens de détourner
Un Opéra forain entaſſé dans un coche
Qui vient de s'embourber & de rompre ici proche,
Ici juſqu'à demain il pourra ſejourner.
Pour la muſique & pour la danſe,
Ils ſont pourvûs en abondance
De tout ce qu'il nous faut, & dans leur magaſin
J'ai déja pris l'habit & le nom de Jaſmin.

GELADON.

Mais ils nous donneront des ſcènes bigarrées,
Qui n'iront point à mon projet.

LA FLEUR.

Bon : n'ont ils pas toujours des ſcènes préparées,
Qu'ils peuvent ſur le champ ajuſter au ſujet ?
Entre autres ils en ont une de la Folie,
Qu'ils m'ont dit être aſſez jolie,
Qui peut alier à tout en un jour de plaiſirs,
Et le hazard pourra ſeconder nos deſirs.

GELADON.

Fais pour le mieux : pourrai-je y voir ce que j'adore?
Que d'attraits imprévus ! on y verroit éclore !
Que ce lieu deviendroit charmant !
Jamais Fête n'auroit été plus embellie,
Elle ne peut devoir ſon plus bel ornement.
Qu'à la preſence d'Emilie.

LA FLEUR.

La Fête eſt donc pour elle ?

GELADON.

Hé mais !

LA FLEUR.

Oh ! je le vois,
J'ai donc bien deviné.

GELADON.

Sans doute elle eſt pour elle ;
J'ai pris l'occaſion de la gloire immortelle,
Qui couronne ſans ceſſe un de nos plus grands Rois,
Et je ſignale ainſi ma tendreſſe & ma joïe ;
Hélas !

LA FLEUR.

Vous ſoupirez :

GELADON.

Emilie eſt toujours
La même, & ma tendreſſe augmente tous les jours.

LA FLEUR.

Monſieur, lorſque par-tout le plaiſir ſe déploye,
Eſpérez qu'il pourra déſarmer ſa rigueur,
Et de cette inſenſible égayer la langueur.
L'allégreſſe publique opérera ſur elle,
Si ce n'eſt aujourd'hui, ce ſera quelque jour ;
Le plaiſir conduit à l'amour,
Et petit à petit déſarme une cruelle.
Rien n'eſt tel pour venir à bout de nos vainqueurs,
Que les ris & les jeux, ils ont la clef des cœurs.

GELADON.

Lorette m'a flâté d'amener à la Fête,
L'inhumaine beauté dont je ſuis la conquête,
Elle a pitié de mon état.

LA FLEUR.

Si Lorette eſt dans votre manche...

GELADON.

Elle me veut du bien.

LA FLEUR.

A charge de revanche,
Lorette ne croit pas obliger un ingrat....
A propos, il vous vient d'arriver de la Ville,
Un Seigneur du bel air ; c'eſt le Marquis Dofville.

GELADON.

Comment! Dofville me dis-tu ?

LA FLEUR.

Lui-même , c'eft ainfi qu'on prétend qu'il fe nomme,

GELADON.

Rien n'eft plus fingulier.

LA FLEUR.

Connoiffez-vous cet homme ?

GELADON.

Un peu puifqu'avec lui je me fuis bien battu.
Tu n'étois pas encore à moi.

LA FLEUR.

Quelle folie ;

Un fage comme vous.

GELADON.

Les gens les plus prudens,
Ne font pas à l'abri de tous les accidens.

LA FLEUR.

Cela vint pour quelque Emilie ?

GELADON.

Non.

LA FLEUR.

D'ailleurs quel homme eft ce ?

GELADON.

Une tête à l'évent,
Un de ces étourdis de la plus rare efpéce ,
Qui ne doutant de rien , va toujours en avant ,
Dont l'efprit en travail , & toujours dans l'yvreffe ,
En dépit du bon fens cherche à fe diftinguer ,
C'eft un homme entre nous qui n'a point de copie ,
Un modèle achevé dans l'art d'extravaguer.

LA FLEUR,

Que faifiez-vous de lui ?

GELADON.

Que veux tu ? dans la vie
On fe trouve lié fans trop fçavoir comment ,
Nous étions tous les deux d'une extrême jeuneffe ,

Et dans le même Régiment.
Et d'ailleurs il avoit beaucoup de gentillesse.

LA FLEUR.

Et s'il vous plaît , d'où vint ce combat entre vous?

GELADON.

Tu ne le croiras point , un sujet des plus fous
De parole en parole engagea notre affaire.
Il me prenoit mon nom.

LA FLEUR.

        Votre nom , pourquoi faire ?

GELADON.

Je n'ai jamais trop sçû quel étoit son dessein.

LA FLEUR.

Qu'on ne me fasse pas un semblable larcin.

GELADON.

Après avoir souffert cette badinerie ,
Je vins à m'en lasser ainsi que de raison ,
Il me comprometroit dans plus d'une maison :
Je lui dis de cesser cette boufonnerie ;
Je l'en priai très-fort , point du tout , il le prit
D'un ton qui me déplût autant qu'il me surprit :
Bref, il fallut le battre , & pour finir l'histoire ,
    Nous nous sommes si bien blessés ,
Que l'on nous a cru morts ; nous l'avons laissé croire,
    Et nous nous sommes éclipsés.
Ainsi sans qu'on y pense il survient des orages,
Et souvent les plus fous entraînent les plus sages.
Depuis cette avanture il s'est passé sept ans.

LA FLEUR.

Ah , voilà donc pourquoi vous demeurez céans
Tapis comme un Hermite.

GELADON.

        Oui , dans cette retraite,
    Sous un nom qui n'est pas le mien ,
Ainsi j'aime & j'attends que je ne risque rien
Pour rentrer dans le monde. Adieu , voici Lorette.

SCENE III.

GELADON, LORETTE *en habit de Fête.*

GELADON.

AH, ah! déja Lorette a l'air bien éveillé,
Mon amour en conçoit un espoir plein de
 charmes.

LORETTE.

Ne soyez pas, Monsieur, si fort émerveillé
 De me voir déja sous les armes,
 Car à vous parler sans détour,
 Lorsque je dois être de fête
Dès le plus grand matin j'aime à me tenir prête,
Et mon bonheur commence à la pointe du jour.

GELADON.

Je suis charmé de voir que tu sois si sensible.

LORETTE *en regardant le Bosquet.*

C'est donc ici l'endroit...

GELADON.

 Oui. Mais s'il est possible....

LORETTE.

Je m'en vais donc passer dans ce lieu fortuné
 Un des plus beaux jours de ma vie:
Que mon cœur est charmé! que mon ame est ravie!
Mon Dieu, que le plaisir est bien imaginé.

GELADON.

J'en conviens avec toi. D'ailleurs quelles nouvelles?

LORETTE *ne l'écoutant point.*

Ses effets sont si doux.

GELADON.

Oui, mais daignerois-tu..?

LORETTE.

Le plaifir, entr'autre vertu,
A celle de nous rendre encor cent fois plus belles ;
L'ennui plus que le tems fait tort à nos apas.

GELADON.

Ce malheur aujourd'hui ne t'arrivera pas.

LORETTE.

Pour cela non.

GELADON.

Enfin m'as-tu tenu parole ,
Et ta belle maitreffe ?

LORETTE.

Emilie, elle eft folle ,
Je ne fais de folie autre que le chagrin,
Et le fien va toujours fon train.

GELADON.

Mais d'où vient-il ?

LORETTE.

D'aimer encor , quoiqu'elle en dife :
Cet homme qu'elle a fait la fottile d'aimer.
Elle a beau me jurer qu'elle n'eft plus éprife,
Et qu'elle a réfolu de ne plus s'enflammer.
Maudit foit le défunt , où diantre étoient fes charmes!
Il m'en feroit bien mort cinq ou fix comme lui ,
Que je n'en aurois pas verfé les moindres larmes ;
Mais voit-on ce qu'on aime avec les yeux d'autrui ?

GELADON.

Quelle conftance !

LORETTE.

Et moi je dis , quelle foibleffe !

GELADON.

Quel cœur ! plus je la vois capable de tendreffe ,
Plus je fens que je l'aime & l'aimerai toûjours ;
Que cet homme eft heureux !

LORETTE.
Il est mort !

GELADON.
Eh qu'importe !
Lorette, on donneroit ses jours
Pour pouvoir une fois être aimé de la sorte.

LORETTE.
Je voudrois de bon cœur, je puis vous l'affirmer,
Qu'il vous en eût coûté deux ou trois cens pistoles
Et que par mon moyen elle pût vous aimer.

GELADON.
Eh bien tu les auras.

LORETTE.
Ce font-là des paroles.

GELADON, *en lui donnant sa bourse.*
En voici les effets.

LORETTE.
Mais comme vous prenez
Les choses au pied de la lettre.

GELADON.
Tâche de réussir, & j'ose te promettre...

LORETTE *mettant l'argent dans sa poche.*
Je prends vos intérêts, puisque vous l'ordonnez ;
Mais que ce soit sans conséquence,
Car je ne réponds pas de vaincre ses refus.

GELADON.
Quoi ! jusqu'ici tes soins ont été superflus ?

LORETTE.
Ce n'est pas faute d'éloquence ;
Je vais la redoubler. Et soit dit entre nous,
Je travaille pour elle en travaillant pour vous :
Car vous êtes son fait tout comme elle est le vôtre.

[*Mystérieusement.*]
Elle-même convint avec moi l'autre jour,
Que si son cœur pouvoit prendre encor de l'amour,
Ce seroit pour vous seul & jamais pour un autre.

Si-tôt que le bon sens pourra lui revenir,
Vous recevrez le prix de la persévérance.

GELADON.

Et quand viendra ce tems?

LORETTE.

Tout est dans l'avenir:
Vous l'aimez à son goût, ayez de l'espérance.

GELADON.

Je commence à la perdre.

LORETTE.

Il est bien sûr qu'au moins
J'acquitterai ma conscience,
En mettant toute ma science
Pour l'amener ici.

GELADON.

Tu perdras tous tes soins.

LORETTE.

J'en ai peur.

GELADON.

Faisons mieux.

LORETTE.

Commandez à mon zèle.

GELADON.

Ta Maîtresse sait bien que la Fête est pour elle.

LORETTE.

Soyez tranquile à cet égard.

GELADON.

Sûrement.

LORETTE.

Je vous ai rendu ce bon office.

GELADON.

D'abord qu'elle ne veut y prendre aucune part,
Il faut en faire un sacrifice,
Elle m'en saura gré.

LORETTE.

Je ne vous entends plus.

G E L A D O N.

Il ne me convient pas d'ameuter tout le monde,
Et de troubler ici par des jeux superflus
        Sa tranquilité si profonde ;
        Pour me conformer à son goût
        Je m'en vais contremander tout.

L O R E T T E.

Eh non pas, s'il vous plaît, diantre, qu'allez-vous
        faire...
Mais vous perdez l'esprit.

G E L A D O N.

                Je crains de lui déplaire.

L O R E T T E.

La Fête est annoncée, & n'est plus un secret,
        On le sçait par-tout à la ronde,
On vient, on vole ici des quatre coins du monde,
Et vous iriez donner ce contre-ordre indiscret ?

G E L A D O N.

C'est un ménagement.

L O R E T T E.

                C'est un trait de folie ;
Je frémis quand j'y pense : ah, Ciel ! que diroit-on
        De vous, Monsieur, & d'Emilie ?
Voulez-vous la brouiller avec tout le canton,
Et vous faire haïr de toute la Nature ?
Car on sçaura, Monsieur, la fin de l'avanture :
Déja les violons sont à se recorder...
Quelque caprice heureux lui passant par la tête,
Pourra bien amener ma Maîtresse à la Fête :
Nous refusons long-tems avant que d'accorder.
Je vais employer tout jusqu'à la Politique :
Je lui dirai qu'étant des premieres d'ici,
En bonne Citoyenne il lui convient aussi
De venir partager l'allegresse publique,
Qu'intérieurement rien ne l'empêchera
De garder sa langueur au milieu de la joie,
Et qu'elle n'en prendra qu'autant qu'elle voudra ;

Que pour le bon exemple il suffit qu'on la voie.
De si fortes raisons ne peuvent pas manquer
De faire un grand effet.

GELADON.

J'accepte le préfage.

LORETTE.

Mon affaire est de l'embarquer,
Et la vôtre sera d'en faire un bon ufage.
Adieu, ne contremandez rien ;
Au contraire.

GELADON.

Va donc.

LORETTE.

Allez, tout ira bien.

SCENE IV.

GELADON feul.

IL faut donc efpérer, puifqu'on me le confeille,
Cédons. Que l'efpérance aifément fe réveille !
Allons, laiffons-nous en charmer :
Ah ! c'eft autant de pris fur le malheur d'aimer.

SCENE

S C E N E V.

GELADON & LE MARQUIS DOSVILLE.

G E L A D O N.

Mais, qui survient ici ?

DOSVILLE *d'un air ironique.*

Quelle magnificence !

GELADON *à part.*

C'est Dosville lui-même, il porte ici ses pas.

DOSVILLE.

Eh parbleu je ne croyois pas
Etre en pays de connoissance ;
Est-ce bien toi, Varseuil, comment, tu n'es pas mort ?

GELADON.

Non, je passe pour l'être, & je le laisse croire.

DOSVILLE.

Tu ne l'es pas, voilà le meilleur de l'histoire,
Je m'en réjouis, mais très-fort,
Et c'est de très-bon cœur que je t'en félicite.
Oh ça, soyons amis, entre nous quitte à quitte,
Tu me fus toujours cher, oublions le passé.

GELADON.

Ma foi depuis le tems tout doit être effacé.

DOSVILLE.

Mais rien n'est plus heureux.... Tu peux m'aimer
encore ;
Je ne suis plus si fou que je l'étois jadis.

GELADON.

Est-il bien vrai ?

Tome II.   O

D O S V I L L E.

D'honneur, c'est moi qui te le dis ;
Rends-moi ton amitié.

G E L A D O N.

Soit, la vôtre m'honore.

D O S V I L L E.

Laissons-là les fadeurs : mais dis-moi donc un peu ;
Comment va la santé, l'amour, le vin, le jeu,
Qu'as-tu fait ? que fais-tu ?

G E L A D O N.

Vous allez un peu vîte.

D O S V I L L E.

Quel est ce lieu ? quel est le monde qui l'habite ?
[*En l'embrassant encore.*]
Ce pauvre cher Varseuil ! S'imagineroit-on....

G E L A D O N.

Je me nomme autrement depuis notre querelle,
Personne ici ne sait mon véritable nom.

D O S V I L L E.

Cette précaution est sage & naturelle ;
Pour moi qui ne me suis battu que sous le tien ;
Je l'ai crüe inutile, & j'ai gardé le mien.
Ainsi donc, mon cher, tu t'apelles ?

G E L A D O N.

Geladon.

D O S V I L L E.

Geladon. Je t'en fais compliment.

G E L A D O N.

Ce nom-là n'en mérite aucun.

D O S V I L L E.

Si fait vraiment ;
Eh, l'ami Geladon, je sçais de tes nouvelles!

G E L A D O N.

Quoi donc, que sçavez-vous ?

D O S V I L L E.

Qu'à certaine beauté,
C'est-à-dire entre nous, à certaine conquête,

Tu donnes en ces lieux une amoureuse Fête.
GELADON.
Si l'on sçait que je l'aime, on sçait sa cruauté.
DOSVILLE.
On ne me l'a point dite, & je ne puis le croire,
Cette galanterie est le prix de son cœur,
Et tu vas faire ici célébrer ta victoire
Et ta reconnoissance.
GELADON.
Ou plutôt sa rigueur,
DOSVILLE.
Que la discrétion est un foible mérite :
Est-ce qu'on donne encor dans ces miséres-là ?
Que diable !
GELADON.
Je n'ai rien à répondre à cela,
Si ce n'est que la chose est comme je l'ai dite.
DOSVILLE.
Ce n'est donc tout au plus que depuis quinze jours,
Que tu t'es mis après ce nouveau phénoméne ?
GELADON.
Mais depuis près d'un an j'adore l'inhumaine.
DOSVILLE.
Elle est donc sans esprit ?
GELADON.
Et d'où vient ce discours ?
DOSVILLE.
Cruelle & sotte....
GELADON.
Hé bien,
DOSVILLE.
Sont assez synonimes.
GELADON.
Comment !
DOSVILLE.
Presque toujours l'un & l'autre est tout un ;
Ces dédaigneuses-là n'ont pas le sens commun.

GELADON.

Ah ! vous pouvez rayer cela de vos maximes.

DOSVILLE.

Et non, te dis-je, encore un coup.

GELADON.

Ce que j'aime n'a pas moins d'esprit que de charmes.

DOSVILLE.

La fureur ordinaire est d'en croire beaucoup.
A celle à qui l'on rend les armes.

GELADON.

Je rencontre à la fois tout ce qui peut charmer,
J'attaque un cœur tendre & sensible,
Et peut-être le seul qui sçache bien aimer ?
Mais hélas !

DOSVILLE.

D'où vient donc cet obstacle invincible !

GELADON.

Un malheureux amour la tient sous son pouvoir.

DOSVILLE.

As-tu quelque rival ?

GELADON.

J'en ai sans en avoir.

DOSVILLE.

Elle aime donc quelqu'un qui ne daigne y répondre ?

GELADON.

J'ignore quel étoit cet Amant fortuné
Pour qui son cœur conserve un amour obstiné.
Ecoutez seulement, ceci va vous confondre
Par les soins les plus assidus,
Par tout ce que l'Amour eut jamais de plus tendre ;
Je ne puis suplanter un Amant qui n'est plus,
Il semble tous les jours renaître de sa cendre.

DOSVILLE.

C'est qu'elle veut traiter la chose décemment,
Sans doute que cet homme est mort tout récemment.

GELADON.

Depuis sept ans.

DOSVILLE.

Sept ans !

GELADON,

Oui, vous pouvez m'en croire,

DOSVILLE.

Voilà ce qui s'apelle une belle mémoire.

GELADON.

Quand elle est dans le cœur elle dure long-tems.
Enfin jusqu'à ce jour les feux les plus constans
N'ont pû me procurer qu'une estime sincére,
Qu'une vraie amitié qui m'est toujours bién chére,
Mais ces sentimens-là ne font pas de l'amour.

DOSVILLE.

Ta Maîtresse extravague, & tu n'es pas plus sage,
Du plus beau de tes jours fais un meilleur usage,
Laisse-là cette folle, & finis sans retour.

GELADON,

Je voudrois vous voir à ma place.
Vous tenteriez en vain de briser vos liens.

DOSVILLE

Moi j'ai rompu des nœuds bien plus forts que les tiens;
C'est un petit recit qu'il faut que je te fasse.
Du tems que je prenois ton nom . . . .

GELADON·

Puis je sçavoir
A présent quel besoin vous pouviez en avoir ?
Quoi qu'entre nous mon nom en vaille bien un autre,
Il n'a pas tout l'éclat du vôtre;
D'où venoit la fureur de vous l'aproprier ?

DOSVILLE.

Pour mener à la fois plusieurs galanteries;
D'ailleurs je t'avourai sans m'en faire prier,
Que mon nom trop connu par mille étourderies,
Avoit effarouché bien des Cercles Bourgeois;
Je passois pour un fou, tu passois pour un sage;
Ton nom pouvoit m'aider, ma foi, j'en fis usage,
Il n'est pas malheureux.

GELADON.

                        Oui , je m'en aperçois.

DOSVILLE.

Va , je te donnerai la liste ,
Si tu veux reclamer tes droits.

GELADON.

                        Je m'en désiste.

DOSVILLE.

Je pris ton caractére & ton grave maintien,
Pour voir ce qu'on peut faire avec l'air de sagesse ,
Par curiosité ; je m'en tirai fort bien,
Car je suis un Prothée auprès d'une Maîtresse :
Mais entr'autre maison où ton nom m'a servi,
Chez un vieux Citadin mon cœur fut asservi ;
Une jeune personne extrêmement aimable ,
Parut être à mes yeux d'un prix inestimable,
Excepté qu'elle étoit fil'e à grands sentimens ,
Elle vouloit aimer dans le goût des Romans.
Je me prêtai d'abord à cette fantaisie ,
Croyant la ramener bien-tôt : qui l'eût prévû !
Moi-même en moins d'un mois , sans m'en être
            aperçu ,
Je me vis entiché de cette frénésie ;
Je ne respirai plus qu'un amour épuré ,
Cette chimére entra jusqu'au fond de mon ame ,
Et chaque jour accrût ma folie & ma flâme.
Je sentis mon état , j'en fus desespéré ,
Ce que j'avois d'abord traité de badinage
Devint si sérieux que vingt fois , en un mot ,
Je vis l'instant fatal où j'allois comme un sot
Immoler ma fortune & mon libertinage ;
            Mais un coup du Ciel me sauva.
            Justement sur ces entrefaites
Tu me fis apeller , notre affaire arriva ;
            Bref tou   réflexions faites ,
Comme l'on me crut mort , & qu'après je m'enfuis ,
Je laisse dans l'erreur ma sublime Maîtresse ,

Et petit à petit étouffant ma tendresse,
Ma foi je n'en ai pas oui parler depuis;
Je me serois perdu si je l'eusse revûe.
			Par une rupture imprévûe,
Fais comme moi, finis avec elle, va-t-en,
Et laisse au premier Tome un si fade Roman.
			GELADON.
Non, le charme est trop fort.
			DOSVILLE.
					Quel est ce badinage
		Que diable veux-tu davantage
Avoir à démêler avec un Trépassé,
		Qui ne peut être remplacé?
		Laisse en paix sa cendre importune
		Jouir de sa bonne fortune;
Crois-moi, céde, & renonce à sa succession.
			GELADON.
		C'est ma première passion;
		Et la derniére.
			DOSVILLE.
					A la bonne heure;
Mais je gagerois bien que celui qu'elle pleure
Ne t'a jamais valu.
			GELADON.
					L'amour qu'elle a pour lui
Doit prouver....
			DOSVILLE.
		Rien, j'ai fait mainte & mainte conquête,
Et je connois le goût des femmes d'aujourd'hui;
Il n'est, à dire vrai, pour leur tourner la tête,
Que ces petits Messieurs poudrez, musquez, brodés,
Dont la Cour & Paris font toujours inondez,
Fléaux des gens sensez que par-tout ils suplantent,
Idoles & Tyrans des folles qu'ils enchantent,
Qui se font cent noirceurs pour se les arracher,
Et dont toute la gloire est de les attacher,
Par choix, par préférence & par goût à leurs charmes.

Ce font-là les Héros ; ce font-là les Vainqueurs
A qui l'aveugle Amour céde à préfent les armes,
Et qu'il rend à leur gré maître de tous les cœurs....
Eh quoi tu ris de voir comme je les ajufte ;
Je parle contre moi , mais il faut être jufte :
Si tu veux figurer & te faire un état ,
Réfouds-toi galamment à devenir un fat ;
Tel étoit ton rival.

GELADON.

Cela pourroit bien être.

DOSVILLE.

Tiens, je le vois d'ici, comment le nommoit-on ?
J'aurois fort bien pû le connoître.

GELADON.

On m'a toujours caché fon nom ;
Mais à certain raport , s'il m'eft permis de croire.

DOSVILLE.

Sant doute , crois toujours.

GELADON.

Il n'eft pas à fa gloire.
La fuivante convient.

DOSVILLE.

Et je te dis auffi
Que c'eft ce qui l'a fait aimer à la folie.

GELADON.

Et c'eft en quoi j'ai peine à comprendre Emilie.

DOSVILLE.

[à part.]
Emilie, eh que diable !

GELADON.

Elle fe nomme ainſi.

DOSVILLE.

Emilie.

GELADON.

Oui.

DOSVILLE à part.

Seroit-ce.... Il n'eft rien d'impoffible ;

[*Haut.*]

t comment eſt d'ailleurs cette belle inſenſible ?

GELADON.

Vous la verrez.

DOSVILLE *à part.*

C'eſt elle, ou je me trompe fort.

[*Haut.*]

Ecoute, dis-moi donc....

GELADON.

Elle viendra peut-être ;
Soaffrez que je vous quitte, & que j'aille ſçavoir
Si nous aurons ici le bonheur de la voir.

DOSVILLE.

Va, je m'en prie auſſi.

GELADON *de loin.*

Vous êtes bien le maître.

SCENE VI.

DOSVILLE *seul.*

S'Agiroit-il de moi ? Plus je penſe, en effet,
        A tout le détail qu'il m'a fait,
Plus je me reconnois, auſſi-bien qu'Emilie.
Quoi, je ſerois l'objet de ſa mélancolie !
        Elle pourroit encor m'aimer ;
Seroit-elle aſſez folle ? Ah ! c'eſt trop préſumer....
Ce n'eſt pas que ce trait ne ſoit fort digne d'elle,
Et qu'elle n'ait un cœur, autant qu'il m'en ſouvient,
Tenace, opiniâtre, où le ſentiment tient
En dépit du bon ſens … une femme fidelle
Eſt un prodige … il faut que j'en ſois éclairci ;
        Car enfin, malgré moi j'en doute.

SCENE VII.

DOSVILLE, OLIVIER.

OLIVIER.

NOus avons fort bien fait de séjourner ici,
Ce gite est pour nous deux, le meilleur de la
    route.
Vous vous amuserez à danser jusqu'au jour,
    Et votre serviteur à boire.
    Mais le plus drôle de l'histoire
Que vous ne sçavez pas......

DOSVILLE.
    Quoi donc ?

OLIVIER.
        C'est que l'amour
Qui se met de toutes les Fêtes,
Vous fait trouver céans une de vos Conquêtes :

DOSVILLE.
Veux-tu dire Emilie ?

OLIVIER.
    Oui, Monsieur, justement.

DOSVILLE.
Es-tu bien sûr que ce soit elle ?

OLIVIER.
On ne peut l'être plus, & je viens promptement
    Vous en aporter la nouvelle :
Depuis deux ou trois ans la chére Demoiselle,
Toujours fille, en ces lieux a fixé son séjour,
Tandis qu'elle auroit pû figurer à la Cour.
    Je n'ai pas borné-là mon zèle :
    Daignez m'entendre jusqu'au bout.
O 6

DOSVILLE.

Tu me fais un plaifir extrême.

OLIVIER.

Si le cœur vous en dit, vous en êtes à même,
Elle eft libre, le diable a fait rafle de tout,
Elle n'a plus de pere & de tante importune,
Et grace à leur trépas, qui femble fait exprès,
Item, elle jouit d'une terre ici près,
Et d'une affez groffe fortune.
Voilà ce qu'en bùvant j'ai fçu de pofitif,
Oh le vin eft fort inftructif.

DOSVILLE *en riant*.

Je n'en puis plus douter . . . . il me vient une idée.

OLIVIER.

Cet établiffement vous conviendroit affez,
Elle eft riche à prefent, & vous la connoiffez.
Cette affaire fera promptement décidée.

DOSVILLE.

L'époufer.

OLIVIER.

Pourquoi non !

DOSVILLE.

Oh, je fuis de ces gens
Qui laiffent marier les autres :
En te remerciant de tes foins obligeàns.

OLIVIER.

Mais quels deffeins font donc les vôtres ?

DOSVILLE.

De m'amufer . . . mais oui, depuis fix ans & plus,
Que cette belle & moi nous ne nous fommes vus,
Je fuis fi fort changé.

OLIVIER.

Quels projets vont éclore !

DOSVILLE.

Elle ne m'a jamais connu que fous le nom
De Varfeuil, qu'elle doit croire mort. Pourquoi non.
Il feroit fort plaifant d'en triompher encore,

De me fuplanter dans fon cœur,
De pourvoir au moyen d'un heureux ftratagême,
Une feconde fois devenir fon vainqueur,
Et fous mon propre nom fuccéder à moi-même....
Je n'y puis réfifter, contentons nos defirs,
L'entreprife me charme, autant qu'elle me pique,
Il eft beau de tenter une entreprife unique,
La gloire eft en amour le premier des plaifirs....

OLIVIER.

Ce projet eft fort beau ; mais dites-moi de grace,
Parlez-vous tout de bon ?

DOSVILLE.

                    Oui, je l'entreprendrai.

OLIVIER.

Comment ?

DOSVILLE.

            Que rien ne t'embarraffe.

OLIVIER.

Mais.

DOSVILLE.

Mais rien n'eft plus fimple, & je lui foutiendrai,
Que moi Marquis d'Ofville autrefois je l'ai vûë,
Et qu'épris en fecret de fes divines apas,
            Sans qu'elle s'en foit aperçûë.
Avec difcrétion je fuivois tous fes pas.
Et que j'allois enfin l'inftruire de ma flâme,
Quand je fus obligé de partir fur le champ,
Je lui protefterai, de l'air le plus touchant,
Que cet amour n'a fait qu'augmenter dans mon ame,
            Et je lui mentirai d'un ton
Si plein de la candeur qui m'eft fi naturelle,
Qu'elle s'y trompera, finon tant pis pour elle;
J'aurai fait de mon mieux.

OLIVIER.

                    Maugrebleu du fripon.

DOSVILLE.

Que dis-tu ?

OLIVIER.

Moi; je fais votre panégyrique,
Et je meurs d'admiration.

DOSVILLE.

Va-t'en boire, sur-tout point d'indiscrétion.
Moi je vais la chercher.

SCENE VIII.

OLIVIER seul.

Oh ! cet homme est unique,
La pauvre créature, il fera son malheur.
Je devrois l'avertir de toute la manœuvre,
Ma foi j'en vais toucher quelque chose à la Fleur....
Tout beau, ne poussons pas si loin cette bonne
        œuvre,
C'est un homme à jamais ne me la pardonner,
Ma probité pourroit me faire bâtonner.

SCENE IX.

EMILIE, LORETTE.

EMILIE

JE fais ce que tu veux : suis-je affez complaifante ?

LORETTE.

Que de façons ! Allons, donnez-moi cette main.
    Lorfque le plaifir fe prefente,
Il lui faut épargner la moitié du chemin.

EMILIE.

Mais d'un homme qui m'aime, agréer une Fête !

LORETTE.

Que voulez-vous de mieux ?

EMILIE.

          C'eft presque s'engager ;
    C'eft lui laiffer envifager
Qu'on a quelque plaifir d'avoir fait fa conquête.

LORETTE.

Il ne le croira pas, fiez-vous-en à moi.

EMILIE.

Il ne le croira pas ; peut-on fçavoir pourquoi ?

LORETTE.

Tous les hommes ne font que trop portez à croire
Ce qui pourroit tourner contre nous à leur gloire.
Mais Monfieur Geladon ne leur reffemble en rien,
Pardon, fi je lui donne ainfi la préférence.

EMILIE.

Je ne t'empêche pas de m'en dire du bien.

LORETTE.

Et comment voulez-vous qu'il ait de l'efpérance ?

Car j'ignore d'où Jiantre il peut l'avoir apris ;
Mais il sçait qu'en secret vous avez le cœur pris.

E M I L I E.

Moi ?

L O R E T T E.

[*A part.*]   [*Haut.*]

Faisons-la parler. Oui sans doute, **vous-même.**

E M I L I E.

Il est mal instruit.

L O R E T T E *à part.*

Bon.

E M I L I E.

Son erreur est extrême.

L O R E T T E.

Mais vous avez aimé... là, parlons sans détour...
Ce souvenir vous cause un trouble assez visible.

E M I L I E.

Je puis avoir été peut-être un peu sensible.

L O R E T T E.

[*A part.*]   [*Haut.*]

Tant pis.... Vous conservez encor le même amour.

E M I L I E,

Le terme est un peu fort.

L O R E T T E.

Eh bien, la même flâme.

E M I L I E.

Je ne conserve plus qu'un certain souvenir.

L O R E T T E.

Bien tendre, n'est-ce pas, daignez en convenir.

E M I L I E.

Ce que j'ai pû sentir dans le fond de mon ame,
N'étoit qu'un goût naissant qui pouvoit aller loin,
Si l'on eût cultivé mon penchant avec soin,
J'étois si jeune alors.

L O R E T T E.

Que vous seriez à plaindre !

EMILIE.

Mais on a laissé tout éteindre.
Le tems, l'âge, l'absence, & sur-tout la façon
Dont tu sçais que je fus alors abandonnée,
Tout doit sur cet amour dissiper un soupçon
Que tu nourris encor dans ton ame obstinée,
Quoiqu'à te détromper j'aye employé mes soins.

LORETTE.

Ainsi vous n'aimez plus, vous le croyez du moins,
C'est un fait dont jamais nous ne sommes trop sûres.

EMILIE.

J'ai fait depuis ce tems bien des réflexions.

LORETTE.

Les premiéres impressions
Laissent au fond du cœur de profondes blessures...
Par bonheur Varseuil est mort.

EMILIE.

J'y prends peu de part.
Et s'il ne l'étoit pas, il reviendroit trop tard.

LORETTE.

S'il est vrai, qui peut donc au fond de ces retraites
Vous plaire, & constamment retarder votre choix,
Jeune, riche, & sur-tout libre comme vous l'êtes ?

EMILIE.

Je ne le suis encor que depuis quelques mois;
Et je crois que d'ailleurs l'épreuve n'est permise,
Qu'à ma place on ne peut trop user de remise,
Aprés ce qui m'est arrivé.

LORETTE à part.

Bon ! c'est de l'argent sûr ; ma joie est infinie.

[Haut.]

Eh, Monsieur Geladon est assez éprouvé :
N'abrégerez-vous point cette cérémonie !

[Voyant Varseuil.]

Miséricorde ! au meutre ! à l'ame ! au Revenant !
Fuyons, sauve qui peut.

SCENE X.

DOSVILLE, EMILIE.

EMILIE.

Rien n'est plus surprenant.
D'où vient cette terreur? A qui donc en a-t-elle?
Ah! grands Dieux? c'est Varfeuil, il n'en faut plus
    douter.

DOSVILLE à part.

C'est elle! non, jamais elle ne fut plus belle.

EMILIE.

Sortons, je ne saurois le voir, ni l'écouter.

DOSVILLE.

Eh quoi! vous me fuyez lorsque je vous retrouve?
Ne vous offensez pas si l'excès de mes feux
Me jette à vos genoux en ce moment heureux.

EMILIE *en le relevant.*

Quel mouvement confus, quel desordre j'éprouve!

DOSVILLE.

Souffrez que des transports si long-tems retenus
Pour la premiere fois cessent de se contraindre.

EMILIE.

Pour la premiere fois? ils me sont fort connus;
Mais je n'ai pas moins lieu maintenant de m'en
    plaindre.

DOSVILLE.

Quoi! vous me connoissez? Quel retour plein d'apas!
Ah! qu'il m'est doux de voir que vous n'ignorez pas
Que mon cœur dès long - tems vous a rendu les ar-
    mes?

E M I L I E.

Voûs me le rapeliez , je ne puis le nier ;
Mais vous m'avez laiſſé le tems de l'oublier.

D O S V I L L E.

Que ce reproche eſt plein de charmes !
Quoi , vous avez dés-lors entrevû cet amour
Qui n'oſoit éclater ? Ah , quel bonheur extrême!
Permettez que mon cœur le reclame en ce jour ,
Et que j'oſe avec vous dater de l'inſtant même.

E M I L I E.

Ce langage , Monſieur , eſt aſſez ſingulier.

D O S V I L L E.

En quoi ?

E M I L I E,

Que parlez-vous , d'une flâme ancienne
Qui n'oſoit éclater ?

D O S V I L L E.

Je parle de la mienne.

E M I L I E.

Tout ceci ne peut pas trop ſe concilier.

D O S V I L L E.

L'Amour ne doit-il pas nous ſervir d'interpréte ?

E M I L I E.

Point du tout , pardonnez ma priére indiſcréte ;
Varſeuil , expliquez-vous un peu plus clairement.

D O S V I L L E.

Qu'apeliez-vous Varſeuil ?

E M I L I E.

Vous-même aparemment.

D O S V I L L E.

Je ne le fus jamais , non jamais de ma vie :
Quelle eſt cette mépriſe ?

E M I L I E à part.

En eſt-ce une en effet ?

[Haut.]
Quoi véritablement . . .

DOSVILLE.

Non vraiment, c'est un fait.

EMILIE.

Vous n'êtes point Varseuil :

DOSVILLE.

Quelle est donc votre envie
Que je sois ce Varseuil? J'ai bien connu quelqu'un
Qu'on nommoit autrefois de ce nom importun :
Cet homme, quel qu'il soit, depuis nombre d'années
A terminé ses destinées.
De grace entendons-nous, je puis vous protester,
Vous jurer que mon nom est le Marquis Dosville,
Connu depuis long-tems à la Cour, à la Ville;
C'est ce qu'on ne peut contester :
Je fus épris de vous à la première vûë,
Je me mis en secret à suivre tous vos pas,
Charmé de plus en plus de vos divins apas,
J'allois me déclarer ; une affaire imprévûë,
Oui, le maudit devoir, l'ennemi de l'amour,
M'éloigna, je comptai de vous revoir un jour,
Et me voici, le Ciel a fini mon absence.

EMILIE.

J'ai beau l'envisager, je vois bien dans ses traits
Un fort grand changement : non, il ne fut jamais
De plus parfaite ressemblance.
[Après l'avoir bien regardé.]
Mais vous êtes Varseuil.

DOSVILLE.

Quelle obstination
De vouloir constamment me prendre pour un autre.

EMILIE à part.

Est-ce une imagination ?

DOSVILLE.

Regardez-moi donc bien. Quelle erreur est la vôtre!
Mais j'entrevois d'où vient ce changement fatal:
Ce Varseuil fut, sans doute, autrefois mon rival:
(Peut-on n'en pas avoir en adorant vos charmes,)

Sans doute je reſſemble à cet heureux Amant.
Oui , voilà ce que c'eſt ; j'y ſuis. . . . Heureuſement
Qu'il n'eſt plus en état de me cauſer d'allarmes ,
Que cette reſſemblance aide à le remplacer ,
Si j'en ai tous les traits, mon cœur n'eſt pas le même,
Vous le démêlerez à ma tendreſſe extrême ,
J'oſe eſpérer qu'enfin je pourrai l'effacer ,
Que je méritai ſur lui la préférence.

E M I L I E à part.

Nous n'en ſommes pas-là. Je ne ſçais que penſer.

D O S V I L L E.

Vous ne pourrez vous diſpenſer
De céder malgré vous à ma perſévérence.

E M I L I E à part.

Non , ſi ce n'eſt pas lui. . . . Gardons-nous d'éclater.

D O S V I L L E à part.

Bon , je lis dans ſon cœur , je vois ce qui s'y paſſe ,

[Haut.]

Laiſſez-vous adorer. Laiſſez-moi me flatter.
Qu'un jour. . . .

E M I L I E.

Ah ! laiſſez-moi de grace ,
Puiſque je ne vous connois pas.

D O S V I L L E.

Que dites-vous ?

E M I L I E,

Daignez ne point ſuivre mes pas,

[Elle lui tourne le dos.]

D O S V I L L E à part.

Allons c'eſt bien aſſez d'avoir rompu la glace ;
Le doute , le dépit l'agitent tour à tour ,
Il faudra batailler pour emporter la place ,
Mais auſſi j'aurai fait un chef-d'œuvre en amour.

SCENE XI.

EMILIE *seule.*

MOn dépit est égal à ma foiblesse extrême,
D'abord en le voyant (car enfin c'est lui-même.)
Mais par ce desaveu cruel, injurieux,
Que prétend-il ? Quelle est cette idée insensée ?
Je ne puis pénétrer le fond de sa pensée...
Mais dois-je tout-à-fait m'en fier à mes yeux ?
Est-ce bien-là l'objet de mes premieres larmes ?
Un air de ressemblance, un raport aparent,
Tout a pû m'aveugler ; mais en les comparant,
De Varseuil, ce me semble, il n'a pas tous les
  charmes,
Non, non, ne croyons pas les retrouver en lui ;
Ce n'est point là Varseuil qui revient aujourd'hui,
Ce n'est point là Varseuil... Ce déni de lui-même,
Pourroit bien dans le fond n'être qu'un stratagême
Inventé par l'amour & par le repentir ;
En effet, si c'est-là ce qui me le raméne,
  Le volage a dû pressentir
  Qu'il a trop mérité ma haine,
Pour pouvoir se flatter d'obtenir son pardon ;
  Honteux d'un si long abandon,
Il n'ose s'avouer pour étre l'infidèle...
Bon je lui prête encor une excuse nouvelle.

SCENE XII.

EMILIE, LORETTE.

LORETTE.

VOus venez de le voir : il vous a foutenu
Qu'il n'eft point Varfeuil.

EMILIE.

Oui : mais je l'ai reconnu.

LORETTE.

Hé bien, il a raifon.

EMILIE.

Comment ? que veux-tu dire ?

LORETTE.

Ecoutez feulement, & vous allez bien rire ;
D'abord pour commencer ce recit fingulier,
Je fai tout de la Fleur, qui le tient d'Olivier,
Que l'honneur & le vin plus que toute autre chofe,
Ont fait jafer. Sur tout entre nous bouche clofe ;
Il n'eft rien de plus vrai, Varfeuil n'eft point le nom
Du fat qui vous rendit jadis un faux hommage.
Ce qui vous doit encor étonner davantage
C'eft que c'eft-là le nom de Monfieur Geladon :
Ce Marquis l'avoit pris. C'eft une gentilleffe
Dont il ufoit auprès de plus d'une Maîtreffe ;
C'eft pour cette raifon que tous les deux alors
Se font fi bien battus que l'on les a crus morts,
Et que craignant la trifte fuite
D'un Duel bien prouvé, chacun a pris la fuite ;
Et que le vrai Varfeuil, fous un nom étranger,
A cru devoir fe mettre à l'abri du danger
Qui devenoit inévitable.

E M I L I E.

De cette indignité peut-on être capable ?
Il m'estimoit trop peu pour m'aimer sous son nom.
Que dis-je ! Il rougissoit sans doute au fond de l'ame
De m'avoir en passant pour l'objet de sa fiâme,
Il s'en faisoit un deshonneur.

L O R E T T E.

Mais n'allez pas confondre avec ce suborneur
Le pauvre cher Monsieur Geladen qui vous aime,
Et dont votre rigueur causeroit le trépas.

E M I L I E.

Lorette, ce couroux ne le regarde pas.
Ah, quelle est ma foiblesse extrême !
J'aurois dû réprimer un mouvement trop prompt.
On pardonne une offense, & non pas un affront.

L O R E T T E.

Ce n'est pas tout, sçachez le reste du Mystére ;
Le hazard seul l'amène en ce lieu solitaire,
Il ne vous cherchoit point, il ne vous aime pas,
Il veut d'un faux encens profaner vos apas,
Et par forfanterie il espére, le traitre,
A présent sous son nom, sans se faire connoître,
Une seconde fois être votre vainqueur,
Au moyen de ce stratagéme,
Il compte avec adresse au fond de votre cœur
Se substituer à lui-même,
S'y remplacer en enfin pour s'en mocquer après.

E M I L I E.

Ce que tu me dis-là m'est venu dans l'idée.

L O R E T T E.

Tel est le noir complot dont il fait les apréts ;
Mais il sera berné, l'affaire est décidée,
Nous avons préparé de quoi
Vous venger aujourd'hui de sa mauvaise foi.
Vous êtes bien tranquile ; à quoi doit-il s'attendre ?

E M I L I E.

Va le chercher.

LORETTE

LORETTE.
Plaît-il ?

EMILIE
Vous avez dû m'entendre.

LORETTE.
Quoi ! vous voulez encor revoir cet impudent ,
Lorsque ses trahisons vous sont si bien connues ?

EMILIE.
Faites ce que j'ordonne.

LORETTE.
Oh , je tombe des nuës ,
Mais de ces fripons-là quel est donc l'ascendant ?

SCENE XIII.

EMILIE *seule.*

JE ne puis plus douter de cette tromperie,
Je frémis à présent , si le traître eût voulu....
Mais mon premier goût n'auroit pas prévalu,
Jouissons jusqu'au bout de son effronterie....
Que son Rival est différent !

SCENE XIV.

EMILIE, DOSVILLE.

EMILIE *à part.*

FEignons bien d'ignorer quel but il se propose.

DOSVILLE *à part.*

Elle m'observe en soupirant.

EMILIE *haut.*

Je vous faisois chercher.

DOSVILLE.

J'en devine la cause.
Vous aimez à revoir des traits qui vous sont chers,
Je retrace à vos yeux la trop fidelle image
De cet heureux mortel dont vous aimiez l'hommage,
Je deviens son portrait, c'est à quoi je vous sers,
Sans cette illusion, sans cette ressemblance
Vous ne daigneriez pas m'honorer d'une regard,
Et quand vous désirez maintenant ma présence,
Je reçois une grace où je n'ai point de part.

EMILIE.

Pourriez-vous m'envier les charmes que j'y goûte !
C'est une cruauté qu'on n'exerça jamais,
Et vous n'en êtes pas capable.

DOSVILLE.

Non, sans doute.

EMILIE.

Laissez-moi donc jouir en ce de tant d'attraits.

DOSVILLE.

[*à part.*]

Je m'offre à vos regards... Je crois que je m'enflâme,
Mais ce plaisir si doux, & si cher à vos yeux,

Ne pourra-t-il paſſer juſqu'au fond de votre ame ?
Il en ſeroit alors bien plus délicieux.
Laiſſez-moi vous aider à faire un prompt divorce
Avec tous ces chagrins qui troublent vos beaux jours,
Et qu'avec trop de ſoin vous nourriſſez toujours ;
    Ne les reclamez plus de force ,
Ils veulent vous quitter , laiſſez-les s'envoler ;
L'Amour même m'envoye exprès vous conſoler.

E M I L I E.

Vous.

D O S V I L L E *à part.*

    Je ſçais que l'eſpoir quelque foible qu'il ſoit ,
Peut braver les rigueurs de la plus longue abſence ;
On le doit , il le faut , la conſtance eſt de droit :
Mais s'opiniâtrer , perpétuer ſa chaine ,
Pour quelqu'un qui n'eſt plus qu'au fond d'un ſou-
        venir ,
    Je ne ſçaurois en revenir.

E M I L I E.

Je le crois.

D O S V I L L E.

    Quoi toujours ſe donner la torture
Pour lui garder ſans ceſſe avec fidélité
Un cœur qu'il pourroit bien n'avoir pas mérité ,
Ma foi ce devoir-là n'eſt pas dans la nature ;
A la néceſſité la raiſon doit céder ,
Qui ne peut plus jouir ne doit plus poſſéder.

E M I L I E.

Mais il eſt vrai.

D O S V I L L E *à part.*

    Je fais impreſſion ſur elle.

E M I L I E.

Ce ſont-là des raiſons.

D O S V I L L E *à part.*

        Nous en viendrons à bout.

E M I L I E.

    Mais s'enfuit il....

DOSVILLE.

Il s'enfuit tout.

EMILIE.

Si bien que je dois prendre une nouvelle chaîne.

DOSVILLE.

Oui, pour vous garantir d'un malheureux retour,
Sans quoi la guérison ne peut être certaine,
Car on ne guérit bien l'amour que par l'amour.

EMILIE.

Vous l'avez éprouvé ? Mais enfin je supose
Que le moyen qu'on me propose
Soit vraiment le plus sûr....

DOSVILLE.

Sans doute, & le plus doux,

EMILIE.

Cette nécessité   conclut-elle pour vous ?

DOSVILLE.

Plus que vous ne pensez.

EMILIE.

N'en puis aimer un autre ?

DOSVILLE.

Moins aisément que moi.

EMILIE.

Quelle idée est la vôtre ?
Qnoi dans tout l'univers je n'ai plus d'autre choix,
Et me voilà bornée à vous, si je vous crois.

DOSVILLE.

Ecoutez, peu s'en faut que je ne vous soutienne
Que peut-être je suis le seul qui vous convienne,
Qui doive remplacer votre premier vainqueur....
Qu'il se trouve entre nous toute la convenance :
Je parle à votre esprit autant qu'à votre cœur ;
Suivez bien ce discours.

EMILIE à part.

Quel fonds d'impertinence !

DOSVILLE.

Plus mon prédécesseur avoit pour vous d'attraits,

Plus vous l'aimiez, & plus je vous suis nécessaire ;
Vous recouvrez en moi sa figure, ses traits,
Le même attachement, le cœur le plus sincére,
N'est ce pas à peu près toujours le même objet ?
Si c'est un changement il est imperceptible,
Le passage, en effet, en est presque insensible ;
Vous vous apercevrez à peine du trajet,
Il se trouvera fait sans efforts & sans peines ;
Bientôt vos premiers nœuds & vos nouvelles chaines,
Et le défunt & moi, son amour & mes feux,
Tout sera confondu par un mélange heureux,
Et ne sera plus qu'un dans le fond de votre ame,
Votre cœur plus épris pour moi de jour en jour
Croira moins ressentir une nouvelle flâme,
Qu'un renouvellement de son premier amour.

EMILIE.
Mes combats sont finis, il faut bien vous l'aprendre.

DOSVILLE.
S'ils n'avoient pas cessé, ma foi, j'allois me rendre.

EMILIE.
      Tous les hommes en général
M'avoient donné contre eux un préjugé fatal ;
Je voulo s vivre ici dans une paix profonde,
Le peu que j'ai connu de l'amour & du monde
M'en avoit dégoûtée.

DOSVILLE.
        Il y faut revenir.

EMILIE.
Le passé me faisoit craindre pour l'avenir ;
Mais enfin je ne sçais, ces craintes, ces allarmes,
Dans mon timide cœur viennent de se calmer.

DOSVILLE.
Ce miracle m'est dû.

EMILIE.
        Je crois qu'on peut former
Avec un tendre Amant un lien plein de charmes,
Vous m'y déterminez.

SCENE XV.

OLIVIER *en bottes, & le fouet à la main,*
DOSVILLE, EMILIE.

OLIVIER.

Tout est prêt pour partir.

DOSVILLE.

Bon.

OLIVIER.

Je viens vous en avertir.

DOSVILLE.

Es-tu fou ? quelle idée ! Allons, qu'on se retire.

OLIVIER.

Parbleu de votre part la Fleur vient de me dire
Qu'il falloit tout faire apprêter.

DOSVILLE.

Va-t-en, je ne pars pas.

EMILIE *bien naïvement.*

Qui peut vous arrêter ?

DOSVILLE

[*à part.*]

Qui me peut arrêter ? Ah ! je suis pris pour dupe :
Il faut changer de ton.

EMILIE.

Mais quel soin vous occupe ?

DOSVILLE, *d'un air fort enjoué, mais affecté.*

Mais véritablement je serois parvenu
Jusqu'à tromper vos yeux & votre amour extrême...
S'il est vrai qu'en effet vous m'ayez méconnu,
Tous mes vœux sont comblez, j'ai le bonheur su-
préme.

D'avoir pû fans danger éprouver ce que j'aime.......
      [Avec plus de tranfport.]
    Après un fi long abandon ,
    Vous retrouver toûjours la même !
Je benis à préfent mon heureux ftratagême ,
Et je chéris ma faute autant que mon pardon.

      EMILIE *avec un feint étonnement.*

Qu'êtes-vous, s'il vous plait ?

       DOSVILLE.

           Qui je fuis , Emilie ?
Qui je fuis ! moi ?

       EMILIE.

      Vous même ; ofez m'en informer.

    DOSVILLE, *en fe jettant à fes pieds.*

Oui, c'eft à vos genoux que je dois me nommer ;
Et je fuis ce Varfeuil.

      EMILIE *en riant.*

      Qui , vous ! quelle folie !

SCENE XVI.

LES MESMES. GELADON *arrive sans être vû.*

VOus, Varſeuil! ah, grands Dieux, quelle
　　　comparaiſon!
C'eſt un Ami fidèle, un Amant incapable
De mépris, d'abandon, d'oubli, de trahiſon;
Jamais de ces noirceurs il n'eût été coupable.
　　　　[*En apercevant Geladon.*]
Ah! nous parlions de vous.
　　　　　GELADON.
　　　　　　　　Hélas! c'eſt mon Arrêt.
　　　　　EMILIE.
Aprochez, jugez-nous.
　　　　　DOSVILLE.
　　　　　　　Quel ſera mon refuge?
　　　　　EMILIE.
Qui ſçait le mieux aimer doit être notre Juge.
　　　　GELADON *s'aproche.*
Puiſque....
　　　　DOSVILLE.
　　Monſieur le Juge, un moment, s'il vous plaît.
　　　　EMILIE, *à Geladon.*
Laiſſez, il eſt inſtruit. Que faut-il que je faſſe.
　　　　DOSVILLE *à Emilie.*
Mais ſupoſé mon tort, eſt-il rien que n'efface
　　　Un repentir tel que le mien?
Un Amant qui fut cher eſt-il encor coupable,
Quand il raporte un cœur que le remords accable?
A quoi ſert donc l'amour, s'il ne pardonne rien?

C'eſt n'en avoir point eu que d'être inéxorable.

EMILIE.

Qui l'a toujours trahi, ne doit pas l'implorer.

DOSVILLE.

L'Amour ne connoît point de faute irréparable.

EMILIE *à Geladon.*

Varſeuil, eſt-il bien vrai ?

DOSVILLE.

     Pouvez-vous l'ignorer ?

EMILIE *à Varſeuil.*

Prononcez.

VARSEUIL.

  Eh le puis je, hélas ! ſans vous déplaire ?
Le Juge attend lui-même ou la vie, ou la mort,
Et ſon trouble eſt ſi grand . . . .

EMILIE *à part.*

   Ah, grands Dieux, qu'il a tort !

VARSEUIL.

Il pourroit prononcer un Arrêt téméraire,
Qui tourneroit enſuite à ſa confuſion.

EMILIE.

Je vais donc me charger de la déciſion.

DOSVILLE.

Ne craignez plus, mon cœur eſt hors d'état de feindre.
Sa chaîne pour jamais vient de ſe renouer,
Vous le brûlez d'un feu qui ne pourra s'éteindre,

EMILIE.

Ce triomphe eſt de trop, je dois vous avouer
Que je ne puis le voir qu'avec indiſférence ;

Et que je ne souhaitois pas
Venger ainſi mes feux, ni mes foibles apas ;
Mais j'ai pris mon parti : Perdez toute eſpérance,
Et partez pour jamais. Varſeuil, je ſuis à vous ;
La plus tendre amitié, la plus ſincére eſtime,
Vous donnoient ſur mon cœur un droit trop légitime
Pour n'y pas ajoûter un titre encor plus doux.

DIVERTISSEMENT.

La Folie & sa suite entourent d'Osville, qui veut s'en aller ; elle lui presente sa Marotte, & chante l'Air suivant.

AH, quel triomphe ! Quelle gloire !
Vous l'emportez sur tous les miens.
Voilà le prix de la victoire,
Et le plus grand de tous les biens.

On danse.

A I R.

Tout est folie
Dans la vie ;
Chaque saison
A sa manie.
Tout est folie
Dans la vie,
Jusques à la raison :
C'est le délire le plus triste
Qu'on puisse choisir.
Plus on est fou, plus on existe ;
On ne vit que par le plaisir.

On danse.

MENUETS

chantés par la Folie.

TRiſte raiſon,
Ta ſaiſon
N'arrive que trop vite,
Verſe alors tous tes dons,
Porte aux barbons
Tes leçons,
Tu peux quand je les quitte,
Les endormir de tes Chanſons.

Second Menuet.

POur être heureux,
Que vos vœux
Donnent la préférence
A mes charmes vainqueurs.
Les langueurs,
Les rigueurs,
La froide indifférence,
Sont le tombeau de tous les cœurs.

VAUDEVILLE.

Goûtez, au gré de votre envie,
Tous les délires de la vie ;
Parcourez les bien tour-à-tour ;
Et vous conviendrez que l'amour
Est la plus heureuse folie.

Si dans le cours de notre vie
Tout n'est que délire & manie,
Prouvons du moins à l'avenir
Que l'hymen qui va nous unir,
Est la plus heureuse folie.

J'aimerois, comme on m'y convie,
Si c'étoit pour toute la vie ;
Mais on s'expose à trop d'ennui.
Faut il que l'amour d'aujourd'hui,
Soit une si courte folie ?

Tôt ou tard, chacun sacrifie
A ce Dieu dont on se défie.
Aimez, tandis qu'il en est tems,
Quand on a passé les beaux ans,
Il n'est plus d'heureuse folie.

Plus d'une a fait la renchérie,
Qui brûle au déclin de la vie :
Mais un moyen lui reste encor ;
C'est donc sçavoir, au poids de l'or,
Se faire une heureuse folie.

Sans Amant à quoi fert la vie,
Ayons-en, tout nous y convie.
Mais je forme encor des defirs,
Faut-il qu'amour & fes plaifirs
Soient une fi courte folie?

Loin de moi toute ame tranfie,
La belle tendreffe m'ennuye,
Trop aimer fait tort aux amours,
Ma devife fera toujours,
Moins d'amour & plus de folie.

Blaife, un foir, dans une Prairie,
Surprit deux baifers à Silvie :
La belle feignant du courroux,
Lui dit, mais d'un air affez doux,
Berger, quelle eft cette folie?

Blaife avoit l'ame fi ravie,
Qu'il n'auroit fini de fa vie.
Mais vraiment, vous n'y penfez pas,
Reprit-elle avec embarras ;
Quoi! toujours la même folie?

Blaife eut une peur infinie
D'avoir fâché fa douce amie.
L'amour fourit, & s'envola :
La Bergére auffi s'en alla,
Que ne changeoit-il de folie?

FIN

PENSÉES

DIVERSES.

PENSÉES
DIVERSES.

D'URVAL j'ai des défauts, & même des
plus grands ;
Mais je n'ai pas celui d'être de ces Tirans
Qui font de leurs amis, de malheureux es-
claves :
Leur pénible amitié n'est que fers & qu'entraves.
Toujours jaloux, & prêts à se formaliser,
Il leur faut des sujets qu'ils puissent maitriser ;
Mais la vraye amitié n'est point impérieuse,
C'est une liaison libre & délicieuse
Dont le cœur & l'esprit, la raison & le tems
Ont ensemble formé le nœuds toujours charmans ;
Et sa chaine, au besoin, plus souple & plus liante,
Doit prêter de concert, sans qu'on la violente.

En Amour, les plaisirs font oublier les peines.

MA situation change, & n'est plus la même.
Il ranime mes yeux, mon esprit & ma voix,
Et e me trouve alors dans un état que j'aime.
Qu'il est doux! ah! Nadine, en effet je jouis
Du bonheur que je crois le plus grand de la vie,
Dans ces momens, toujours trop tôt évanouis,
L'avenir, le passé, tout se perd & s'oublie.
Mes chagrins sont si bien détruits ou suspendus,
Qu'il ne me souvient pas d'en avoir jamais eu.

Les Bienfaits font perfonnels.

LEs Bienfaits font à ceux qui les ont mérités:
Les graces ne font point des Biens héréditaires,
Nous n'en fommes jamais que les dépofitaires:
Mais par la même voye on peut les obtenir,
Vos peres ont laiffé leur nom à foutenir
Leur vertu, leur exemple, & leur carriere à fuivre,
Voilà ce qu'après eux il faut faire revivre,
Et dont vous vous devez mettre en poffeffion,
Tout le reffe n'eft point de leur fucceffion.

On a tout, quand on a gagné les cœurs.

IL faut au fond des cœurs, vous faire un héritage,
Leur conquête n'eft pas l'ouvrage d'un moment.
On les gagne avec peine on les perd zifément;
Mais la douceur attire & retient fur fes traces
L'amitié, la faveur, la fortune & les graces:
La hauteur n'a jamais produit que des malheurs.

Des dangers de la Cour.

L A Cour est en tous tems
Une terre inconnue à tous ses habitans.
Après un long séjour, après un long voyage,
On s'y retrouve encore à son aprentissage :
On y marche toujours sur des piéges nouveaux ;
On y vit entouré d'un peuple de rivaux,
Ou d'Amis dangereux, heureux qui les devine !
On n'y peut s'élever que sur quelque ruine,
On n'y peut profiter que des fautes d'autrui,
Tel au gré de ses vœux s'y maintient aujourd'hui,
Qui demain ne pourra faire tête à l'orage,
Et l'on finit souvent par y faire naufrage.

Devoirs gênans imposés aux Femmes.

N Ous avons des devoirs qui ne sont pour nous.
Vous pouvez être Amans avant que d'être
Epoux,
Et vous livrer sans crainte à votre ardeur extrême :
Mais que pour notre sexe il n'en est pas de même !
Quand nous prenons trop tôt un légitime amour,
Il peut nous coûter cher. Par un affreux retour
Il arrive souvent qu'on nous en fait un crime,
Qu'un trop injuste époux nous ôte son estime ;
Et qu'il se croit alors en droit de nous taxer
D'avoir un cœur, hélas ! trop facile à blesser.

Sur l'Esprit à la mode.

ET qui diable aujourd'hui ne l'est pas
 Homme d'esprit? Rien n'est plus ordinaire
C'est un titre bannal. On ne peut faire un pas
Qu'on ne voye accorder ce nom imaginaire
A tout venant, à gens qui ne sont bien souvent
Que des cerveaux brûlés, des têtes à l'évent,
 Que les plus fats de tous les hommes.
Ce qu'on prend pour esprit dans le siécle où nous
 sommes,
  N'est, où je me trompe fort,
  Qu'une frivole effervescence,
Qu'un accès, une fiévre, un delire, un transport
Que l'on nomme autrement, faute de connoissance,
Proverbes, quolibets, folles allusions,
Pointes, frivolités, plaisamment habillées,
Quelque superficie, & des expressions,
  Artistement entortillées;
  Joignez-y le ton persiflant,
 Voilà les qualités de l'esprit d'à present.
Pour moi mon avis est, dût-il paroitre étrange,
Que ces petits Messieurs qui sont si florisans,
Feroient un marché d'or, s'ils donnoient en échange
Tout ce qu'ils ont d'esprit pour un peu de bon sens.

Tirannie des Femmes.

TU ne le connois pas, ce sexe impérieux,
 Dans notre abaissement il met son bien suprême,
Il veut regner, il veut maîtriser ce qu'il aime,
Et ne croit point jouir du plaisir d'être aimé,
S'il n'est pas le tiran du cœur qu'il a charmé.

*La plûpart des Prudes se forment des femmes
qui ont été galantes.*

UNe femme, il est vrai, aime un peu trop à
    plaire,
C'est dans nos jeunes ans la foiblesse ordinaire,
Dans l'arriére saison on ne fait qu'en changer.
Du monde qui nous quitte on cherche à se venger,
Du plaisir qui nous fuit, des défauts qu'on regrette,
Ausquels on voudroit bien être encore sujette.
Alors par desespoir & par nécessité,
On se masque, l'on prend un air d'autorité,
On se croit vertueux en voulant le paroître,
Tandis qu'au fond du cœur on néglige de l'être,
Qu'on se fait, au contraire, un plaisir inhumain,
De nourrir son orgüeil aux dépens du prochain.
L'esprit de charité paroit une foiblesse,
Et la mauvaise humeur prend le nom de sagesse ;
Ainsi chaque âge aporte un travers différent,
On échange un défaut contre un autre plus grand :
Une Prude jamais n'a bien pensé d'autrui.

*La fortune la plus estimable, est celle qui est
notre ouvrage.*

DEvenez l'artisan de votre destinée :
Il est beau de dompter la fortune obstinée,
D'arracher ses bienfaits, au lieu d'en hériter,
Et de n'avoir que ceux qu'on a sçu mériter.

Le Divorce en fait de Mariage, est un reméde pire que le mal.

NOn, je n'ai point assez d'audace ni de force,
Pour aller mandier un malheureux divorce ;
Je n'imagine pas qu'une femme de bien
Puisse jamais avoir recours à ce moyen.
Il faut un front d'airain, pour donner ce scandale,
Et je serois soumise à la loi générale . . . .
Sur l'espoir d'un succès toujours deshonorant,
Je ne risquerai point d'être timpanisée.
Le plus grand des malheurs est d'être méprisée,
Eh quoi ! sur un prétexte absurde & mandié,
Aller de porte en porte, implorer la pitié,
Y faire de sa vie un journal équivoque,
Que personne ne croit, & dont chacun se moque.
Suborner des témoins, gagner des partisans,
Remplir les tribunaux de ses cris indécens,
Y faire debiter des plaintes infidelles,
Innonder le public d'injurieux libelles,
Ebruiter des malheurs qu'on pouvoit empêcher,
Ou qu'au moins la raison devoit faire cacher,
Je ne puis seulement soutenir cette idée.

Sagesse précoce, peu durable.

LA sagesse précoce est bien mal assurée,
Le tems qu'elle anticipe, est pris sur sa durée.

Des douceurs d'un Mariage bien assorti.

QUe le sort d'être aimé sera digne d'envie !
Non, il n'est point d'état plus heureux dans la
   vie :
Pour ceux que la raison & l'amour ont unis,
L'hymen seul peut donner des plaisirs infinis.
On en jouit sans peine & sans inquiétude,
On se fait l'un pour l'autre une heureuse habitude
D'égards, de complaisance, & des soins les plus doux.
S'il est un sort heureux, c'est celui d'un époux
Qui rencontre à la fois dans l'objet qui l'enchante,
Une Epouse chérie, une Amie, une Amante.
Quel moyen de n'y pas fixer tous ses desirs ?
Il trouve son devoir dans le sein des plaisirs.

Des ressources de la Médisance.

LA louange est si séche, elle produit si peu :
Mais la critique abonde, elle coule de source,
Anime le génie, & lui donne du jeu,
Le rend vif, petillant, ironique, fertile,
Le fournit de bons mots, qui trottant par la Ville,
Font citer leur Auteur, & penser comme lui :
On ne brille jamais mieux qu'aux dépens d'autrui.

L'Esprit de société, très-utile.

SAinville a grand besoin de l'école du monde,
Philosophe un peu jeune, & même trop ardent,
Il s'abandonne trop à son zèle imprudent.
Ami de la franchise, il croit que la souplesse
Est indigne d'un homme, & taxe de bassesse
Ces égards mutuels, dont la nécessité
A formé les liens de la société.
Que sert une sagesse âpre & contrariante ?
Heureuse la vertu douce, aimab'e & liante,
Dont les ris & les jeux accompagnent les pas?
La raison même a tort, quand elle ne plaît pas.

Génie des sociétés.

LA bonne compagnie ! Eh ! croyez-vous aussi
A cette rareté que l'on apelle ainsi ?
J'ai tout vû, j'ai par-tout cherché cette merveille,
Dont le nom résonnoit sans cesse à mon oreille ;
Mais ce n'est qu'un grand mot nouvellement admis,
Qui n'a rien de réel, que l'usage a transmis
Par l'organe des sots, dans la langue ordinaire,
Qui sert à désigner un être imaginaire,
Ouvrage de l'orgüeil & de la vanité.
Tout cercle, tel qu'il soit, toute société,
Croit en être de droit la véritable sphére.
Du bien, de la naissance, & telle autre chimére,
De la fatuité, des airs & du jargon :
Voilà tout ce qu'il faut pour usurper ce nom.
Quant à moi, j'en apelle, elle est mal définie ;
Ce sont les mœurs qui font la bonne compagnie.

FIN.